MARCO POLO

ITALIENISCHE RIVIERA/ LIGURIEN

CINQUETERRE

Fünf Symbole sollen Ihnen die Orientierung in diesem Führer erleichtern:

★

für Marco Polo Tipps – die besten in jeder Kategorie

für alle Objekte, bei denen Sie auch eine schöne Aussicht haben

für Plätze, wo Sie bestimmt viele Einheimische treffen

für Treffpunkte für junge Leute

(106/A 1)
Seitenzahlen und Koordinaten für den Reiseatlas Italienische Riviera
(U/A 1) *Koordinaten für die Genuakarte im hinteren Umschlag*
(O) *außerhalb des Kartenausschnitts*
Zu Ihrer Orientierung sind auch die Orte mit Koordinaten versehen, die nicht im Reiseatlas eingetragen sind.

Diesen Führer schrieben Rainer Stiller und Bettina Dürr, die seit zwei Jahrzehnten zwischen Deutschland und Italien pendelt. Sie hat mehrere Marco Polo Führer geschrieben.

Die Marco Polo Reihe wird herausgegeben von Ferdinand Ranft.

MAIRS GEOGRAPHISCHER VERLAG

Unsere Autoren haben nach bestem Wissen recherchiert. Trotzdem schleichen sich manchmal Fehler ein, für die der Verlag keine Haftung übernehmen kann.

Titelbild: Portofino, Hafen (Transglobe: Ventura)

Fotos: R. Freyer (7, 17, 50, 55, 57, 65, 68, 72, 75, 79, 82); H. Hartmann (80); HB Verlag (24, 61, 84); Mauritius: Hackenberg (32), Krautwurst (70); Schapowalow: Cora (40, 44, 49), Heaton (18), Reichelt (43); M. Thomas (4, 21, 22, 26, 28, 36); Touristik-Marketing (12, 76); Transglobe: Allgöwer (63), Ventura (103)

Chefredakteurin: Marion Zorn

Lektorat: Nikolai Michaelis

Gestaltung: Thienhaus/Wippermann (Büro Hamburg)

Kartografie Reiseatlas: © Mairs Geographischer Verlag, Ostfildern; Istituto Geografico DeAgostini, Novara

Sprachführer: in Zusammenarbeit mit dem Ernst Klett Verlag für Wissen und Bildung GmbH, Redaktion PONS Wörterbücher

Printed in Germany

Gedruckt auf 100% chlorfreiem Papier

INHALT

Entdecken Sie die Italienische Riviera!

Flanieren unter Palmen und durch die Gassen bunter Küstenstädtchen, lebhaftes Strandleben und Sonnenbaden auf steiler Klippe

Es ist Winter in Ligurien, aber die Sonne scheint unverdrossen, und überall blühen die Kamelien in Weiß, Rosa, Rot und natürlich die knallgelben, zartblütigen Mimosen. Dank der Olivenhaine, der Steineichen und japanischen Magnolien, dank der großblättrigen Bananenstauden und Palmen grünt es auch im Winter in allen Schattierungen. Allerorten wird gewerkelt und gepinselt, die Bewohner der Badeorte längs der Küste bereiten ihre Hotels, Eiscafés und Strandbäder auf den Ansturm der Sonnensucher vor. Im März beginnt die lange Saison. Doch wegen des begnadet milden Klimas kann man das ganze Jahr über an die ligurische Riviera fahren – was ihr den Ruf eines Rentnerdorados eingebracht hat.

Aber die Zeiten der leicht angestaubten, etwas ältlichen Riviera sind vorbei, und auch die trüben Zeiten von schmutzigem Meerwasser und verdreckten Stränden gehören inzwischen der Vergangenheit an. Längst ist auch in Italien die *tutela dell'ambiente,* also der Umweltschutz, Programm. In der Tat hat sich die Wasserqualität in den letzten Jahren merklich verbessert. Wie die Analysen der italienischen und europäischen Umweltbehörden und der Lega Ambiente für die letzten Jahre belegt haben, kann man unbedenklich in die ligurischen Fluten steigen. Überdurchschnittlich viele Strände längs der ligurischen Küste haben in den letzten Jahren die begehrte Blaue Fahne für gute Wasserqualität aufstellen dürfen. Kläranlagen werden gebaut (und sogar in Betrieb genommen) und besonders fauna- und florareiche Küstenstrecken unter Naturschutz gestellt. Selbst Wale und Delphine tauchen wieder vor der Küste auf, und seit neuestem ist Whalewatching, Walbeobachtung, angesagt.

In den letzten Jahren machte etwas ganz anderes Schlagzeilen: Einige Bürgermeister hatten es sich in den Kopf gesetzt, der Riviera ihren Appeal von mondä-

Strandleben all'italiana: Sonnenschirm und Liegestuhl gehören stets dazu

ner Beschaulichkeit und Eleganz zurückzuerobern. Im autofreien Portofino darf man nun nicht mehr Fahrrad fahren, in Ventimiglia darf man es nicht einmal mehr an eine Hauswand lehnen. Ballspiele sind an vielen Stränden verboten, Rucksacktouristen sowieso verpönt. Den grotesken Höhepunkt der ästhetischen Säuberungsaktion erreichte der Bürgermeister von Diano Marina, der am liebsten nur schönen Frauen das Sonnenbaden oben ohne gestattet hätte. Doch selbst solche bizarren Auswüchse können Liguriens Lage, Küche und wunderbares Klima kaum vermiesen. Und die allerjüngsten Schlagzeilen bescheinigen der Riviera in der Tat erneut ein frisches Flair voll genießerischen Zaubers.

Riviera – wörtlich aus dem Italienischen übersetzt: »das Gestade«. Tatsächlich gehört der erste und mächtige Eindruck der Küste oder dem Ufer. Schon der heldenhafte Odysseus soll auf seiner Kräfte zehrenden Seereise durch die damals bekannte Welt auch am »Gestade« der heutigen Italienischen Riviera gestrandet sein. Und ein zweiter sagenhafter Held der griechischen Mythologie soll hier ein Scharmützel gehabt haben: Dem Muskelpaket Herkules, auf dem Weg von den Gärten der Hesperiden im fernen Westen zurück ins ebenso entfernte Hellas, stellten sich die Ligurer in den Weg, von deren Rauflustigkeit schon Hesiod geschrieben hatte.

Die Rauflustigkeit der frühen Jahre sorgte dafür, dass sich bis heute ein Vorurteil hält: Ligurer seien streitbar, wenn nicht sogar streitlustig. Ein anderes Vorurteil: Ligurer seien geizig wie die Schotten. Beides stimmt nicht! Denn Sparsamkeit, mit der die Menschen an der Italienischen Riviera zu leben gelernt haben, ist noch kein Geiz. Und der Wunsch nach selbstbewusster Eigenständigkeit, den man in Ligurien über alle Herrschaftszeiten bewahrt hat, ist keine Streitsucht.

Wahr ist: Die Ligurer haben ihren eigenen Kopf, und sie gefallen sich nicht so leicht in leutseliger Verbrüderung wie die Menschen in den südlicheren Gegenden Italiens. Auf manche Reisende wirkt die ligurische Zurückhaltung wie Verschlossenheit. Enzo Bernardini, in Genua lebender Chronist der Region, erzählt: »Die Natur in dieser Region, die schon als Schmuck des Weltalls und malerischster Meeresstreifen, dessen sich Europa rühmen kann, bezeichnet wurde, hat bereits in vergangenen Zeiten das Dasein ihrer Bewohner beeinflusst und differenziert: Am fortgeschrittensten und kontaktfreudigsten sind die Küstenbewohner, während die in den Tälern und auf den Erhebungen des Hinterlandes eingeschlossenen Bewohner eher stur und konservativ sind.«

Aber schaut man sich die natürlichen Gegebenheiten an, unter denen die Menschen in den Tälern und an den Berghängen zu leben hatten (und zum Teil noch haben), dann versteht man ihre Sparsamkeit: So üppig die Vegetation bei dem guten Klima auch ist, Boden für ertragreichen Ackerbau gibt es kaum. Alles muss äußerst mühsam auf künstlich mit Stützmauern angelegten, kleinen Terrassen ange-

Geschlechtertürme und eine schöne Altstadt: Albenga an der Riviera dei Fiori

baut werden. Bei so geringem Spielraum können sich keine verschwenderischen, veränderungsfreudigen Charaktere herausbilden.

Welche Arbeit allein die Anlage und Erhaltung dieser Ackerterrassen bedeutet, das kann man besonders gut an den Berghängen der Cinque Terre sehen. Heute ist diese Art der Bewirtschaftung gefährdet, der Arbeitsaufwand zu groß und damit zu teuer. Doch zugleich versucht man sich Maßnahmen auszudenken, um sie zu erhalten. Dazu gehören zum Beispiel Initiativen wie die, Weinbergterrassen zu »adoptieren«, d.h. finanziell zu unterstützen oder in Ferienlagern bei ihrer Restaurierung mitzuarbeiten.

Die Abkapselung Liguriens ist auch in der Kulturgeschichte abzulesen, besonders in der eigenständigen Entwicklung einer ligurischen Sprache, die heute noch in Heimatvereinen gepflegt, aber meist nur noch von den Alten im Alltag gesprochen wird. Besonders im umgangssprachlichen Gebrauch von Städtenamen klingt noch der antike Genueser Dialekt an, der einst an den westlichen Rändern der Riviera Ponente mit provenzalischen und im Osten der Riviera Levante mit toskanischen Einflüssen vermischt war: Wer genau hinhört, kann feststellen, dass etwa bei Ortsnamen wie in alten Zeiten Konsonanten wie r, t, d oder v einfach verschluckt werden: Savona wird dann zu Sana, Varazze zu Vase, Genova zu Zena.

Ligurien ist indes nicht nur der schmale Küstenstreifen mit den Sand- beziehungsweise Kiesstränden an der westlichen (Ponente) und östlichen (Levante) Riviera: Ligurien reicht noch hinauf bis in die südlichen Gipfel der Seealpen und des nördlichen Apennin, des Gebirgsrückens, der fast ganz Italien durchzieht. Die ligurische Grenze durch die Bergwelt verläuft in vielen Zacken und Ausbuchtungen. Ihre Entfernung zu anderen oberitalienischen Großstädten beträgt ungefähr 140 km (Turin), 135 km (Mailand) und 85 km (Parma). Die Region Ligurien ist mit 5415 km^2 ungefähr doppelt so groß wie das Saarland oder ein Drittel von Schleswig-Holstein und hat etwa 1,85 Mio. Ew. Sie ist in vier Provinzen eingeteilt: Genua mit über 1 Mio. Ew., Imperia mit 230 000 Ew., La Spezia mit 245 000 Ew. sowie Savona mit 300 000 Ew. Die zum Teil recht geringe Bevölkerungsdichte (in der Provinz Imperia, zu der ja

Geschichtstabelle

Um 180 000 v. Chr.
Erste Höhlenmenschen an der Westküste Liguriens

Um 600 v. Chr.
Ligurerstämme im Landesinneren werden von Galliern und Etruskern aufgerieben

200–191 v. Chr.
Die Römer unterwerfen Ligurien

641 n. Chr.
Langobardenkönig Rothari erobert Genua und macht Ligurien zu seiner Provinz

773/774
Karl der Große erobert das Langobardenreich

Ab 1096
Genua baut seine Wirtschaftsmacht aus, weil es mit einer bewaffneten Handelsflotte an den Kreuzzügen ins Heilige Land teilnimmt

1162
Genua erhält von Kaiser Friedrich Barbarossa die Unabhängigkeit

1284
Genua schlägt Pisa in der Seeschlacht von Meloria, gewinnt für ein gutes Jahrhundert die Alleinherrschaft über das Tyrrhenische Meer und wird zum stärksten Handelskonkurrenten des blühenden Venedig

1380
Kampf zwischen Venedig und Genua. Venedig trotzt Genua den Turiner Frieden ab, wonach Genuas Einfluss aufs westliche Mittelmeer beschränkt bleibt

1492
Der in Genua geborene Kapitän Christoph Kolumbus entdeckt Amerika für Spanien

1522
Die unabhängige Republik Genua entsteht

1528
Andrea Doria, der größte Doge Genuas, verteidigt die Unabhängigkeit der Stadt und gibt ihr eine neue Verfassung

1746
Österreich, immer wieder auf der Suche nach einem Zugang zum Meer, besetzt Genua

1768
Genua verkauft die Insel Korsika an Frankreich

1797
Die Republik Ligurien wird mit Genua als Hauptstadt gegründet

1814/15
Der Wiener Kongress spricht Genua dem Königreich Sardinien zu

1861
Viktor Emanuel II. eint das Land und nimmt den Titel König von Italien an

1946
Nach Faschismus, Krieg und Monarchie entscheiden sich die Italiener mehrheitlich für die Staatsform der Republik

2001
Genua ist Gastgeber eines Weltwirtschaftsgipfels und bereitet sich auf seine Rolle als europäische Kulturhauptstadt 2004 vor

immerhin auch ein paar gut besiedelte Küstenorte mit Fremdenverkehr gehören, leben beispielsweise nur rund 200 Menschen auf einem Quadratkilometer) hat selbstverständlich mit dem bergigen Hinterland zu tun. Denn politisch reicht Ligurien an manchen Stellen über die alpine und apenninische Wasserscheide hinaus, die die Region geografisch von den Nachbarregionen Piemont, Emilia-Romagna und der Toskana trennt.

Das Land reicht von null, also Meeresspiegelhöhe, bis auf über 1500 m hinauf. Insgesamt liegen 69 Prozent des ligurischen Gebiets auf über 1000 m Höhe, 30 Prozent bestehen aus Hügeln. Lediglich ein Prozent der Region, die die meisten Reisenden nur als Strandregion kennen, ist Flachland. Die beiden wichtigsten Flüsse Liguriens sind gleichzeitig die Regionsbegrenzungen: Die Roia fließt an der französischen Grenze im Westen, die Magra am östlichen Rand zur Toskana hin. Natürliche Seen gibt es in der ligurischen Bergwelt nur wenige. Die beiden bekanntesten künstlich angelegten Stauseen befinden sich in Colle Melosa bei Pigna nördlich von San Remo und in Brugneto bei Torriglia, das nordöstlich von Genua liegt.

Vorgelagerte Inseln im Meer findet man nur wenige. Ein paar kleine liegen zwischen Savona und Alassio, zum Beispiel die alte Klosterinsel Gallinara und vor der Landzunge von Portovenere südlich von La Spezia das für seine »Blaue Grotte« bekannte Palmaria.

Die einzige wirkliche Halbinsel der ganzen Region befindet sich südlich von Camogli und Rapallo. Zur Hälfte ist sie ein ausgewiesenes Naturschutzgebiet. Außerdem befinden sich dort mit der malerischen Bucht von Portofino und mit Santa Margherita Ligure zwei der schönsten Marinas der an Häfen nicht gerade armen Italienischen Riviera. Gerade hier am zu Unrecht als Vorzimmer Genuas verrufenen Stück Liguriens kann man selbst im Winter hervorragend urlauben.

So könnte das Szenario aussehen: Man sitzt in Hemd und Jacke an den Bartischchen auf dem Trottoir von Portofino und lässt sich wie eine Eidechse von der Sonne durchwärmen. Tagesgespräch bei Campari und Cappuccino ist im Januar 2001 der rätselhafte Tod der traurigen, schönen und steinreichen Gräfin Francesca Agusta Vacca, die an einem Januarnachmittag in weißem Bademantel die Felsküste der Halbinsel von Portofino hinunter ins Meer stürzte. Selbstmord? Mord? Ein Komplott? Von Exgeliebten, Busenfreundinnen, neuen Geliebten? Aus solchem Stoff werden die Romane gestrickt, die man dann im Sommer im Liegestuhl am Strand oder auf der Klippe verschlingt. Die Gräfin lebte hoch oben auf der Spitze der Halbinsel in einer traumhaften Villa, mit Blick auf die wild bewegte Küste der Riviera di Levante und die pittoreske Hafenbucht von Portofino.

Um es ganz klar zu stellen: Wir befinden uns hier an einem der schönsten und mondänsten Flecken der an schönen Flecken wirklich nicht armen Küste Italiens. Vergessen sind die verheerenden Regengüsse des Herbstes, die viele Wasserläufe aus den Bergen immer wieder in reißende Sturzbäche verwandeln. Wer genau hinschaut, erkennt in manchen Tälern noch die Erdrutsche und Erosionsspuren dieser Unwetter. Vergessen sind die Waldbrände unter der gleißenden Sommersonne, wenn schon die Reflexion einer Glasscherbe ein Feuer im strohtrockenen Gehölz auslösen kann. Nach dem Nachmittagstratsch über das mysteriöse Ende der tristen Gräfin kreist das Gespräch um die gewichtige Frage, wo und was man am Abend speisen wird. Die Beute aus Meer und Wäldern und was die von der Sonne verwöhnten Gemüse- und Kräutergärten bieten, dazu eine jahrhundertealte Lebenskultur ergeben eine ausgezeichnete Küche – für Italienfans bekanntlich ein Reisemotiv erster Güte.

Weitere Trümpfe sind etwa die vielen Sportarten, die Sie hier betreiben können. Am Meer sind das Tauchen, Segeln, Surfen, Beachvolleyball, im Landesinnern laden Bergflüsse zum Raften und Kajakfahren, an den Kalkwänden bei Finale Ligure treffen sich die Freeclimber, und für Paraglider ist vor allem die Küste der Riviera di Levante ein Paradies. Auch die Golfer kommen zu ihrem Recht, und wer gerne wandert, für den kann man sich kaum etwas Schöneres vorstellen als die gut ausgeschilderten Wanderwege über die Kämme hoch über dem Meer und durch die lichten, duftenden Wälder – ausführliche Wanderkarten (auch auf Deutsch) bekommt man in allen Fremdenverkehrsvereinen.

Ob man seine Ligurienrundreise auf der Halbinsel von Portofino beginnt oder beendet, ist sicher Geschmackssache. Die meisten Reisenden kommen ohnehin über das nur 30 km entfernte Genua auf den *arcobaleno,* den Regenbogen, wie die ligurischen Fremdenverkehrsmanager ihr Land nennen. Durch Genua *la superba,* also die stolze, die erhabene Stadt, wird die Riviera in zwei Gebiete geteilt.

Der westliche Teil des Regenbogens von Genua bis Ventimiglia, dem Ort an der französisch-italienischen Grenze, heißt Riviera di Ponente. Hier, an der auch Blumen- oder Palmenriviera genannten Küste, nahm der Tourismus auf dem italienischen Festland vor über hundert Jahren seinen Anfang. Engländer waren die Ersten, die das milde Klima und die herrliche Pflanzenwelt zu schätzen wussten. Ein Engländer, Sir Thomas Hanbury, war es denn auch, der in La Mortola einen der schönsten Gärten des Landes anlegen ließ. Der Giardino Hanbury gilt vielen sogar als »größte Sehenswürdigkeit der oberitalienischen Lustlandschaften«, wie es in einem alten Baedeker heißt.

Jetzt ist Genua dran, und wenn von neuem Wind an der ligurischen Riviera die Rede ist, dann meint man damit vor allem diese immer schöner werdende Hafenstadt am Meer: Wer sich auf eine Entdeckungstour einlässt, wird eine Altstadt voller Leben, Kramläden und Straßenmärkten, ein Zentrum mit prachtvollen Palazzi und interessanten Museen finden, von kostbaren Gemäldesammlungen bis zum aufregenden Aquarium.

Der östliche Teil des Regenbogens heißt Riviera di Levante. Er erstreckt sich von Genua bis nach La Spezia, Lerici und Sarzana. Neben der bereits erwähnten Halbinsel von Portofino ragt im wahrsten Sinn des Wortes die aus dem Felsen gehauene Welt der Cinque Terre als besonders sehenswert aus dem Meer heraus.

Die fünf Dörfer der Cinque Terre, Monterosso, Vernazza, Corniglia, Manarola und Riomaggiore, verbindet nur eine Bahnlinie. Mit dem Auto kann man sie nur über Stichstraßen erreichen, was die malerische Kulisse der zauberhaften Dörfer erhält, aber für die autonärrischen Italiener fast eine Zumutung ist.

Dort, wo die Cinque Terre liegen, macht die gut ausgebaute Küstenstraße, die Via Aurelia, einen Bogen ins Land hinein. Auf ihr erlebt der Autofahrer Ligurien hautnäher als auf der fast parallel verlaufenden Autobahn. Außerdem ist es nicht jedermanns Sache, durch die vielen Tunnel und über die genauso zahlreichen Viadukte der Autobahn mit rasenden italienischen Lastwagenfahrern um die Wette zu kacheln. Allerdings: Sie fahren sehr sicher, denn heil ankommen wollen sie auch. Es gibt ein Sprichwort, das sich manche Kapitäne der Landstraße auf die Karosserie spritzen lassen: »Donne e motori, gioie e dolori«, was (nicht so poetisch) auf Deutsch heißt: »Frauen und Maschinen, Freuden und Schmerzen!«

Überhaupt die Frauen! Wie überall in Italien werden sie glühend verehrt – und heiß begehrt. Und manch einer der im Sommer nicht eben wenigen Papagalli verwechselt die gute Laune einer Touristin schon mit einem eindeutigen Angebot. Es ist ratsam für die Reisende, an Stränden und in Straßen keine Zweifel daran aufkommen zu lassen, dass sie nicht zu den Flatterhaften gehört, die einen ligurischen Casanova suchen.

Die ligurischen Frauen sind oft aufgeschlossener als ihre Männer. Man kann im Nudelladen an der Ecke oder am Fischstand auf dem Markt durchaus mit ihnen ins Gespräch kommen. Und wenn die Donna mit dem Herz am rechten Fleck einen in ebenjenes geschlossen hat, kann es vorkommen, dass man auf einen *caffè* nach Hause eingeladen wird. Dort wird sie von ihren Kindern erzählen, ein paar Ratschläge für Küche und Essen geben und dann vielleicht noch eine der alten Legenden erzählen, von denen es viele gibt und die die Ligurer pflegen.

Die Marco Polo Bitte

WWF

Marco Polo war der erste Weltreisende. Er reiste in friedlicher Absicht, verband Ost und West. Er wollte die Welt entdecken, fremde Kulturen kennen lernen, nicht zerstören. Könnte er heute für uns Reisende nicht Vorbild sein? Aufgeschlossen und friedlich sollte unsere Haltung auf Reisen sein. Dazu gehören auch Respekt vor Mensch und Tier und die Bewahrung der Umwelt.

Vom Arcobaleno bis zur Via Aurelia

Notizen zu Blumen und Banken, Grotten und Garibaldi

Arcobaleno

Der ligurische Küstenstreifen, der sich zwischen Ventimiglia im Westen und La Spezia im Osten über 340 km Länge spannt, wird bei den Italienern auch *arcobaleno* genannt: Regenbogen. Die Fremdenverkehrsvereinigung hat für ihre Werbekampagne die Farben des Regenbogens aufgegriffen: »Ein einziger Blick genügt, um sich am Grün des Pinienhains, am Gelb der Mimose, am Rot der Blumen, am Blau des Himmels und des Meeres zu entzücken.« Tatsächlich ist Ligurien bei strahlendem Wetter ein Fest der Farben – bis hin zum Regenbogenlila der Bougainvillea. Und nur Miesepeter verweisen darauf, dass der echte Regenbogen am Himmel bekanntlich dann entsteht, wenn die Sonne im Rücken des Beobachters auf eine Regenwolke trifft. Regen hat Ligurien nämlich viel seltener als manche andere Gegend Italiens. Und selbst im Winter begeistert häufig das zarte, pastellfarbene Licht, das den Häuserfassaden schmeichelt.

Ob kultiviert oder wild wachsend: die Riviera dei Fiori – ein Blütenparadies in allen Regenbogenfarben

Bankwesen

Ein Blick auf die Worte, die im heutigen Geschäftsverkehr von Banken benutzt werden, zeigt deutlich, dass die Sprache der Bankiers Italienisch ist: Konto und Skonto, Giro und Saldo. Tatsächlich steht die Wiege der modernen Bankenwelt in Norditalien. Der ligurische »Banco di San Giorgio« gehört zu den ältesten Banken der Welt. Der Aufschwung der Geldwirtschaft ging von der Hafenstadt Genua aus. Ende des 14. Jhs., im Zuge der Finanzierung der Kreuzzüge, erfand dort ein *banchiere* den bargeldlosen Zahlungsverkehr, weil er den umständlichen und gefährlichen Transport von Münzen vermeiden wollte. Der blühende Handel im Hafen von Genua, damals noch unbehelligt von der Konkurrenz Venedig, brachte es mit sich, dass die *banchieri* auch auf zu erwartendes Frachtgut Seedarlehen gaben, die so genannten *cambi marittimi.* Um das mit dieser Vorauszahlung verbundene Risiko so gering wie möglich zu halten, schlossen sich die Bankiers zu einer *commenda* zusammen, der Urform der modernen Kommanditgesellschaft.

Fauna
Seit 1977 sind in der Region Ligurien nicht zuletzt auf Grund hartnäckiger Kämpfe von Naturschützern zehn Reservate und 15 Naturparks ausgewiesen. In sie kehren nach und nach viele wild lebende Tiere zurück, die von den großen Touristenströmen nach dem Zweiten Weltkrieg vertrieben und fast ausgerottet worden waren. Im hochalpinen Teil Liguriens, etwa in den Hochtälern von Aroscia und Canaro, gibt es wieder Murmeltier und Marder, Iltis und Wiesel, Gabelhahn und Bergfasan. Da auch Nagetiere wie Eichhörnchen, Eichel- und Haselmaus sich sprunghaft vermehrt haben, fanden Greifvögel wie Bussarde, Falken und nördlich der Ligurischen Alpen sogar die Habichte wieder einen natürlichen Lebensraum. Von den kleinen Nagern ernähren sich auch die zahlreichen Reptilien: Auf Vipern und Echsen, Geckos und Salamander sollte besonders der achten, der abseits der Wanderwege nach Pilzen und Blumen sucht. Die einst so reiche Fauna im Meer ist hingegen besonders in Küstennähe leider fast völlig verschwunden.

Fischfang
Viel Fisch gibt das gesamte Mittelmeer schon heute nicht mehr her. Das hat die bekannten Gründe: Verschmutzung und Raubbau. Und doch: Ligurien ist, obwohl seine Bürger sich auf den Meeren schon immer weniger als Fischer denn als Entdecker und Händler hervortaten, eine Ecke Italiens, in der sich sehr gut Fisch essen lässt – wenn auch ziemlich teuer. Denn die küstennahen Fischer können schon lange nicht mehr die von den Restaurants geforderten Mengen an Land bringen. Auch die außerhalb der Hoheitszonen agierenden internationalen Fischfangflotten haben das Mittelmeer ziemlich leer gefischt. Die Folge: Auch in Ligurien muss Fisch importiert werden, was bei ungebrochenem Touristenstrom zu nicht gerade niedrigen Preisen auf den Speisekarten führt. Kein Reisender darf sich folglich wundern, wenn in den besseren Fischrestaurants entlang der Italienischen Riviera ein Fischgericht so kostspielig wie Wild oder Kalbfleisch ist. Trotzdem haben die angebotenen Meeresfrüchte und Fische nach wie vor den Zauber, den sie bei allen Mittelmeeranrainern haben. Angeboten werden – und da ist man bei deutscher Seezungeneintönigkeit ja schon dankbar – Tintenfische, Stockfische, Makrelen, Meerbrassen, Seebarben, Zahnbrassen und vieles mehr. Besonders gekonnt gehen ligurische Köche mit dem getrockneten Stockfisch um, den einst die Normannen im Mittelmeerraum einführten und zu einer ligurischen Nationalspeise machten.

Flora
Was die Vegetation angeht, ist die Italienische Riviera besonders üppig. Nicht ohne Grund heißt ihr westlicher Teil Riviera dei Fiori, Blumenriviera. In Gärten und an Straßenrändern findet man im Frühjahr und im Sommer bis

weit in den Herbst hinein die herrlichsten Blütenträume: die lilafarbenen Bougainvilleen, den sternblütigen Oleander, kräftig violette Schwertlilien, die rosige Fetthenne, die lackrote Aloe. Der berühmteste und schönste Garten ist der Giardino Hanbury des Engländers Sir Thomas Hanbury bei La Mortola an der französischen Grenze, der als eine der größten Sehenswürdigkeiten ganz Oberitaliens gilt. Aber auch die unterschiedlichsten Bäume und Büsche aus aller Welt sind am ligurischen Küstenstrich heimisch gemacht worden: Agaven und Bambus, Magnolien und Rhododendron, Zedern und allein fast 70 (!) Sorten Palmen. Die Küstengegend ist die erste von insgesamt fünf Bewuchszonen in Ligurien. Ihr folgt bis weit über 300 m Höhe die des Olivenbaumes. Dann kommt die submontane Zone, um die 700 m hoch. Dort wächst vor allem ein typischer Baum der ligurischen Urlandschaft: die Edelkastanie. Von ihren Früchten, den Maronen, leben noch heute viele Ligurer vornehmlich im Hinterland. Besonders sehenswert sind die Kastanienwälder zur Blütezeit, wenn die Bäume rot glühen. In der weit über 1000 m Höhe liegenden Bergzone überwiegen Buchen, Kiefern und Steineichen. In der alpinen Zone Liguriens nimmt dann der Bewuchs rapide ab.

Garibaldi, Giuseppe

Die Familie des italienischen Freiheitshelden Giuseppe Garibaldi (1807–1882) kam ursprünglich aus der ligurischen Küstenstadt Chiavari. Ihm gelten Denkmäler in der ganzen Region. Straßen und Plätze in fast jedem Ort tragen seinen Namen. Als nationaler und republikanischer Freiheitskämpfer war Garibaldi die volkstümlichste Persönlichkeit im Italien des 19. Jhs. Der Volksmund nannte seine Anhänger, die Garibaldianer, nach ihrer Kleidung auch Rothemden. Vom Quarto dei Mille im inzwischen von der Großstadt Genua eingemeindeten Nervi segelte Garibaldi mit 1000 Mann – deshalb heißt das Viertel »dei Mille« – nach Sizilien, um Italien zu einigen. Nervis Seepromenade trägt noch heute den Namen der jung gestorbenen Ehefrau des Volkshelden: Anita Garibaldi.

Grotten

Ligurien ist menschheitsgeschichtlich eine uralte Gegend – Zeichen von Vor- und Frühmenschen sind zu finden. Zahlreiche Grotten in den Bergen, die in Richtung Meer abfallen, sind einen Besuch wert. Die Grotten von Toirano zwischen Savona und Imperia lohnen einen Ausflug. Zu den ausgedehntesten ganz Italiens gehörend, bilden sie eine Kette von Höhlen, deren längste 1170 m misst. Sie wurde erst 1950 entdeckt. Außer bizarren Kalksteinverkrustungen und großartigen natürlichen »Skulpturen« kann man hier erhaltene Fußspuren prähistorischer Menschen sehen. Wissenschaftler verweisen darüber hinaus besonders auf die Grotten der Balzi Rossi, deren älteste Funde auf 240 000 Jahre geschätzt werden.

Klima

Eigentlich gibt es für die Riviera keine bevorzugte Reisezeit. Es gibt wunderbar milde Winter und sonnige, nicht allzu heiße Sommer. Am schönsten, auch optisch, ist die Riviera sicher im späten Frühjahr, ab Mitte April. Noch sehr angenehm mit Temperaturen um die 22 Grad kann die Riviera ab Ende August nach dem Ferienende der Italiener sein. In den Wintermonaten, in denen immer mehr Menschen aus nördlichen Gefilden zum mehrmonatigen Überwintern kommen, erweist sich der schmale ligurische Küstenstreifen als klimatisch besonders begünstigt. Denn die schroffen Felsen halten kalte Nord- und Nordwestwinde ab, und die Temperatur des Mittelmeers sinkt auch im Dezember, Januar und Februar kaum unter zwölf Grad ab. Die Folge: Die mittlere Wintertemperatur von wenigstens zehn oder zwölf Grad entspricht den Temperaturen Süditaliens. Hinzu kommt, dass die Italienische Riviera wie die benachbarte französische Côte d'Azur auch im Winter niederschlagsarm ist. Der meiste Regen (Schnee gibt es fast nie) fällt im Oktober und November. Dann können Sturzbäche aus den Bergen und eine unzureichende Kanalisation zu schlimmen Überschwemmungen führen, wie es in den Neunzigerjahren mehrfach vorgekommen ist.

Liedermacher

Wer nach einem besonderen Mitbringsel sucht, einem Stück von der Seele Liguriens, dem seien die poetischen Lieder – oder die gesungene Poesie, wie manche es nennen – der so genannten *cantautori genovesi* empfohlen: In den Sechzigerjahren fingen auf der Welle der französischen Chansonniers ein paar junge, begabte Leute an, poetische Texte zu schreiben, sie zu vertonen und zu singen. Und es waren vor allem junge Leute aus Genua bzw. Ligurien. Bruno Lauzi, Umberto Bindi, Luigi Tenco, Gino Paoli verstanden es, jeder in einem eigenen, unverwechselbaren Stil, Lieder zu schreiben, die mit den Klischees von San-Remo-Schlagern nichts zu tun hatten, sondern vielmehr eine authentische Befindlichkeit zu literarisch-musikalischem Ausdruck brachten. Der Berühmteste und wohl auch Geliebteste unter ihnen ist der 1999 gestorbene Fabrizio De André, nicht nur in Genua und ganz Ligurien eine regelrechte Kultfigur. Von Literaturkritikern als einer der größten zeitgenössischen Dichter Italiens eingeschätzt, erzählen viele seiner Lieder, manche in Genueser Dialekt, vom Straßenleben in der Altstadt Genuas, vom Meer, von den Menschen Liguriens. Sein vielleicht berühmtestes Album heißt »Creuza de Mä«.

Montale, Eugenio

Der 1896 in Genua geborene und 1981 in Mailand gestorbene Journalist und Dichter Eugenio Montale gilt als größter italienischer Lyriker der Moderne. Der Ligurer, der 1975 mit dem Nobelpreis für Literatur ausgezeichnet wurde, war seiner Heimatregion eng verbunden. Land und Leute waren immer wieder Gegenstand seiner Gedichte. Bis zu seinem Tod war Eugenio Montale, unter anderem Redakteur der angesehenen Tageszeitung »Corriere della Sera«, Ehrensenator seiner Heimatstadt Genua.

Hoher Öl-, niedriger Säuregehalt: Qualitätsmerkmal ligurischen Öls

Olivenöl

Italien zählt neben Griechenland und Spanien zu den wichtigsten Produzenten von Olivenöl. In Italien sind es vor allem Apulien, Toskana und Ligurien, die das Speiseöl pressen. Viele Kenner schwören: Das ligurische Olivenöl ist das beste der Welt. Möglicher Grund: Ligurische Oliven haben 20 Prozent mehr Ölgehalt. Das Zentrum der Olivenölherstellung findet man in der Gegend um Imperia. Die Vegetationszone des Olivenbaums – man findet in Ligurien übrigens 30 bis 40 verschiedene Sorten – reicht bis in eine Höhe von 500 m, vereinzelt stehen Bäume sogar bis in eine Höhe von 1000 m. Wer Olivenöl für daheim kaufen möchte, sollte darauf achten, dass er *olio extra vergine* bekommt, das jungfräuliche, grüngelbe Öl der ersten Pressung. Die heutigen Ölmühlen werden fast alle elektrisch betrieben. Nur wenige werden noch wie von alters her mit Wasser in Bewegung versetzt. Eine dieser sehenswerten Mühlen kann man in Pietrabruna 9 km nördlich von San Lorenzo al Mare bei Imperia besichtigen. Ölpresse heißt im Italienischen *il frantoio*. So haben viele ligurische Wirte auch ihre Gasthäuser genannt, was in den allermeisten Fällen ein Gütezeichen ist.

Via Aurelia

»In Italien gibt es für mich nichts Schöneres als die am Ufer entlangziehende Straße von Genua nach La Spezia«, schrieb der englische Schriftsteller Charles Dickens. Gemeint hat Dickens die berühmte Via Aurelia, die zunächst von ihrem Baumeister, dem Zensor Aurelius Cotta, 241 v. Chr. nur von Rom bis Pisa geplant war. Sie sollte den Vormarsch römischer Krieger erleichtern. Und da die römischen Caesaren immer machthungriger wurden und ihr Herrschaftsgebiet ausdehnen wollten, führte bald auch die Via Aurelia weiter – über La Spezia hinaus bis Ventimiglia und weiter entlang der Côte d'Azur bis Marseille, Nîmes und Narbonne.

Die grüne Küche

Ganz Ligurien duftet nach frischem Basilikum

Aus den Küchen Liguriens kommt reinster Genuss. Frisch und würzig und, gerade in den einfachsten Gasthäusern, von schnörkelloser Großartigkeit. Denn dort steht Muttern hinter dem Herd. Die hat das Kochen von ihrer Mutter und die wiederum von ihrer Mutter. Sie alle hatten sich gehörig anzustrengen, weil ihre seefahrenden Männer, die Händler und Eroberer, nach Monaten auf See der Küche in der Heimat entgegengierten. *Cucina del ritorno* nennen deshalb die Italiener die ligurische Kochkunst nicht ohne Hochachtung, Küche der Wiederkehr. Und noch einen ehrfurchtsvollen Namen hat sie bei den Menschen aus anderen Gegenden des Landes: *cucina verde,* die grüne Küche.

Grün ist sie wirklich. In dem von der Sonne verwöhnten Küstenstrich sind das Obst (sogar Zitrusfrüchte gedeihen hier), das Gemüse und vor allem die Kräuter von betörender Frische. Der würzige Duft von frischem Basilikum, der aus den Gärten an den Berghängen kommt, setzt sich nicht selten sogar gegen den durchdringenden Geruch von Teer, Meer und Straßenverkehr im Hafen von Liguriens Metropole Genua durch.

Straßencafés laden in allen Orten zur Pause ein

Das Basilikum ist die unabänderliche Grundlage von Liguriens Nationalgericht: dem *pesto,* dem im guten alten Mörser klein gestampften Gewürzbrei aus Basilikum, Knoblauch, Pecorino oder Parmigiano, Pinienkernen und natürlich bestem Olivenöl.

Pesto essen die Ligurer zu fast allem, zu gedünstetem Gemüse, gekochtem Fleisch und hauptsächlich zur Pasta, am liebsten zu Bandnudeln aus Eiern und Mehl. Je nach Breite heißen sie *fettuccine, tagliatelle, taglierini* oder *trenette.* Nur in Ligurien findet man die *trofie* aus Weizenmehl und etwas Weizenkleie. Um ihre Spiralform zu erreichen, kann man die Teigstreifen um eine Stricknadel ziehen. Dank ihrer leicht klebrigen Konsistenz haftet der *pesto* an ihnen besonders gut.

In diesem Zusammenhang darf man das Herzstück der ligurischen Küche nicht unerwähnt lassen: die *ripieni. Ripieni* sind Füllungen in wunderbarer Vielfalt – von Fisch über Fleisch bis Gemüse –, sei es für Teigtaschen oder für Fisch oder Fleisch. Die Füllmasse wird meistens in liebevoller Kleinarbeit, fein abgeschmeckt mit Kräutern, zu Brei verarbeitet. So z. B. die Füllung der verfeinerten *ravioli alla genovese,* die einst aus Küchenresten bestand und heute aus Kalbfleisch, Kalbshirn, Bries, Schweinebrust, Ei, Parmesan und altem, in Milch eingeweichtem Brot zubereitet wird.

Ähnlich ist ein anderes ligurisches Stammessen: *pansoti con salsa di noce. Pansoti* sind ebenfalls Teigtaschen. Sie werden hier mit einer Quark-Kräuter-Mischung und Gemüse (je nach Jahreszeit Lauch, Mangold oder Spinat) gefüllt und mit einer milden Nusssauce serviert.

Die Ligurer füllen auch gerne Fleisch: *Cima* ist eine vom Knochen gelöste Kalbsbrust, die mit einer Masse aus Rinderhack, Eiern, Parmesan, Pinienkernen und viel Petersilie gefüllt wird. Die zugenähte Fleischtasche gart dann gute zwei Stunden in einer kräftigen Fleischbrühe. Die *cima* wird heiß oder kalt gegessen.

Zu kaltem Fleisch (oft auch zu warmem) haben die Ligurer neben dem wirklich allgegenwärtigen *pesto* noch ein paar andere kalte Saucen, die ebenfalls mit dem hervorragenden ligurischen Olivenöl abgerundet werden: Die *aggiata* besteht vor allem – der französischen Aïoli nicht unähnlich – hauptsächlich aus Knoblauch, der *maro* aus frischen Bohnen vom Feld und der *zemin* aus mit frischen Kräutern gewürzten Tomaten.

Auch mit den Oliven allein können ligurische Köche und Köchinnen zaubern. Bekannt und verbreitet sind etwa die *olive in salamoia,* die, wie andernorts Gurken, in Salzlauge eingelegten Oliven, oder die *pasta d'oliva,* eine herbbittere Paste aus schwarzen Oliven, die man auf würziges Knoblauchbrot streicht oder zu salzigem Gebäck wie *focaccia* oder *tortino* isst. Und natürlich spielt Meeresgetier jeder Art eine große Rolle. Obschon teuer, ziehen die Ligurer Fisch gerade in der Küstenregion immer noch den Wild- und Fleischgerichten vor.

Wo es sie gibt, sollte der Reisende die wegen der Meeresverschmutzung immer seltener gefangenen *datteri di mare* probieren, Muscheln, die Form und Farbe einer Dattel haben und wie Austern mit einem Spritzer Zitrone gegessen werden. In der Gegend um La Spezia gibt es sie noch häufiger.

Empfehlenswerte Vorspeisen sind weiter die *filetti d'acciughe con capperi,* in Öl und Zitrone marinierte Sardellenfilets mit herzhaften Kapern, oder die *bianchetti,* kleine, gerade geschlüpfte Anchovis oder Sardinen, angemacht in Olivenöl und Zitrone, die so heißen, weil sie noch weißlich, fast durchsichtig sind. Besonders schmackhaft als Vorspeise ist auch bei sommerlichen Temperaturen die *ciuppin,* eine legierte heiße Suppe aus Mittelmeerfischen.

Bei den Fischhauptgerichten spielt der einst von den Normannen im Mittelmeerraum eingeführte Stockfisch die größte Rolle: der luftgetrocknete Kabeljau. Viele der Restaurants entlang der Küste weisen mit besonderen Aushängeschildern darauf hin, dass der beliebte Stockfisch an diesem Tag auf der Karte steht: *oggi stoccafisso.*

Die Stockfischgerichte sind so abwechslungsreich wie die Landschaft Liguriens. Da gibt es den *brandacoion,* eine Art Stockfisch-Hackbraten mit Kartoffeln, Eiern und Nüssen, *buridda,* den geschmorten Stockfisch in Tomatensauce, *stocco accumodou,* Stockfisch mit Weintrauben, Tomaten und Pinienkernen, oder *code di stoccafisso,* die mit heimischem Gemüse gefüllten Stockfischschwänze.

Nach so viel Würzigkeit noch einige Hinweise auf die *dolci,* die Süßigkeiten Liguriens: Man liebt die kleine Patisserie, Pralinen, kandierte Früchte, mit Schokolade überzogene Datteln, Feigen, Orangenstreifen; die Schoko-Nuss-Pralinen heißen in Alassio und Genua *baci.* Berühmt sind die Mandelmakronen aus dem Raum Savona, die *amaretti di Sassello.* Etwas ganz Besonderes sind die *millesimi,* die kleinen Rumpralinen aus Millesimo, die *cobaita,* Nougat mit halbierten Haselnüssen in Honig aus der Gegend um Ventimiglia, und die *sfogliate,* ein Blätterteigkuchen aus Varigotti. Überall, aber besonders häufig im offenbar süßeren Südzipfel der Riviera, bekommt man *pandolce,* eine Art Stollen mit Rosinen, und die *canestrelli,* gesüßte Brezeln.

Zum Abschluss der kulinarischen Rundreise die Levante und Ponente hinauf und hinab darf der Wein nicht fehlen, obschon Ligurien nicht zu den großen

Fisch gibt es in Ligurien an jeder Ecke

Weinregionen Italiens zählt. Am bekanntesten sind der gelbliche herbe *Vermentino,* der *Pigato* und der rare *Cinque Terre,* der einem mit jedem Schluck immer ein wenig Meeresbrise auf die Zunge zaubert. Auch wer Rotwein trinkt, kann in der Region bleiben. Der *Barbarossa,* der *Brachetto di Albenga,* der *Dolcetto* und vor allem der *Rossese di Dolceacqua* sind mehr als ordentliche Gewächse. Sehr gute rote und weiße Tafelweine kommen aus dem Anbaugebiet *Colli di Luni,* das sich Ligurien mit dem nordwestlichen Zipfel der Toskana teilt. Zugleich merkt man an den Weinkarten die Nähe des Piemont: Barbera, Barolo, Dolcetto und Nebbiolo ergänzen das Angebot.

Il Pesto

Einmal probiert, für immer verführt: die ligurische Nationalwürze *pesto.* Auch wenn sie göttlich schmeckt, ist sie ganz irdisch in der heimischen Küche nachzumachen. Eine Hand voll fein gehacktes Basilikum, ein Viertel Teelöffel grobes Salz, eine zerdrückte Knoblauchzehe, ein bis zwei Esslöffel frisch geriebener Pecorino oder Parmigiano und ein paar grob gehackte Pinienkerne werden in einem Porzellanmörser gerieben und vermischt. Unter Rühren wird ligurisches Olivenöl aufgegossen. *Ecco: il pesto,* der König der ligurischen Küche.

R.E.

Feine Handarbeit

Kulinarisches und Kunsthandwerk sind die beliebtesten Mitbringsel

Es gibt sie natürlich, die industrielle Massenware. Dennoch wird das Kunsthandwerk in vielen Orten Liguriens noch gepflegt: In Santa Margherita Ligure und Portofino findet man handgefertigte *Spitzen,* im benachbarten Rapallo *Klöppelarbeiten* und in Zoagli geschmeidigen *Samt.* Sarzana ist für seine *Schmiedekunst* bekannt, Savona und Albisola sind es für ihre *Keramiken.* In Altare etwa findet man noch Meister der ligurischen *Glaskunst,* die einmal einen genauso hohen Stellenwert hatte wie die venezianische auf der Insel Murano. Im Hinterland von Chiavari kann man noch Frauen finden, die mit ihrer geschickten *Knüpfkunst* Weißwäsche verschönern. Schließlich: Die besten *Schreiner,* die mit Nussbaum, Kirsche und Ahorn arbeiten, findet man im Gebiet um Chiavari.

In den Fremdenverkehrsämtern erfahren Sie die Termine der immer beliebteren *Kunsthandwerkermärkte* (z.B. in Santa Margherita Ligure).

Neben dem Kunsthandwerk finden auch *Antiquitäten* und die *Kunst* (Bussana Vecchia ist bekannt für seine Gemälde, Plastiken und Grafiken zeitgenössischer Künstler) immer häufiger Käufer unter den Touristen. Wer Italiens edle *Modemarken* sucht, der wird in den größeren Küstenorten fündig sowie in Genuas Einkaufsstraßen Via XX Settembre und Via Roma.

Auch Kulinarisches bietet sich als Mitbringsel an, etwa das *Olivenöl,* eines der besten der Welt. Das Mekka der Ölherstellung liegt in Dolcedo, knappe 10 km von Imperia. Dort können Sie das Öl wie bei einer Weinprobe verkosten, es nach Farbe, Geruch und Geschmack auswählen. Ein Rat: Olivenöl sollte möglichst frisch verbraucht werden: Zu lange Lagerung – am besten dunkel und nicht zu warm – schadet dem Geschmack.

Wein lohnt sich ebenfalls, auch die würzigen *Käse-* und *Wurstsorten,* z.B. der *mollane* aus Sori, ein sehr salzhaltiger Schafskäse, oder der *presciusena,* ein säuerlicher Frischkäse. Großartige Würste kommen aus dem bergigen Hinterland Liguriens: die *Knoblauchsalami* aus Casella und Otero, *Blutwurst* und *coppa,* die Wurst aus Schweinehals, aus Fascia. Zu guter Letzt *Obstkonserven:* beispielsweise die *chinotti,* jene göttlich schmeckenden, in Zucker und Alkohol eingelegten Bitterorangen.

Ein Genuss auch zum Mit-nach-Hause-Nehmen: selbst gemachte Pasta

VIA GARIBALDI
CHIESA

Und die Kirche feiert kräftig mit

Die meisten Festtage ballen sich zu Ostern für die Christen und im Sommer für die Touristen

Viele Feste, die man in Ligurien feiert, sind religiösen Ursprungs und halten neben der stillen Andacht auch eine gute Portion Lebensfreude für die Menschen der Region bereit. Oftmals stammen die Anlässe für eine *sagra,* ein Kirchfest mit Markt, Musik und Schlemmereien, in den kleinen Orten aus vorchristlicher Zeit, als der Wechsel der Jahreszeiten eben noch deutlicher den Lebensrhythmus bestimmte als heute.

Schlemmerfeste, bei denen sich alles um eine kulinarische Spezialität dreht, sind ganz groß angesagt – von Weinbergschnecken (Molini di Triora) bis zu Stockfisch (Badalucco). Auch nur annähernd eine Übersicht über das Programm zu geben würde den Rahmen dieses Führers sprengen. Deshalb haben wir lediglich die wichtigsten Feste und Veranstaltungen herausgesucht. Ausführlichere Veranstaltungskalender liegen in den Fremdenverkehrsämtern und in Hotels aus.

Beim historischen Umzug Mitte August durch Ventimiglias Gassen ist die ganze Stadt auf den Beinen

GESETZLICHE FEIERTAGE

1. Januar *(Capodanno),* 6. Januar *(Epifania),* Ostersonntag und -montag *(Pasqua),* 25. April (*Liberazione,* Tag der Befreiung), 1. Mai *(Festa del Lavoro),* 15. August *(Ferragosto),* das größte italienische Familienfest; es markiert gleichzeitig den Höhepunkt der Ferien: Die Fabriken sind zu, die Städte leer und alle Italiener am Strand. 1. November *(Ognissanti),* 8. Dezember *(Immacolata Concezione),* 25. Dezember *(Natale),* 26. Dezember *(Santo Stefano).*

FESTE UND VERANSTALTUNGEN

Februar

Rapallo: Ende Januar bis Ende Februar internationale *Cartoonistenausstellung* im Kastell.

Pieve Ligure (oberhalb von Genua), erstes Februarwochenende: Zur ★ *Sagra della Mimosa* blühen überall die gelben Mimosen, blumengeschmückte Festwagen ziehen durch den Ort.

San Remo: nationaler *Schlagerwettbewerb* mit internationalen Auswirkungen, denn die Siegertitel hört man das ganze Jahr.

März

San Remo: Zieleinfahrt des *Radklassikers Mailand–San Remo,* der alljährlich am nächstliegenden Wochenende vor oder nach dem 19. März die Straßensaison der Profiradfahrer eröffnet.

März/April

Die am Karfreitag stattfindenden *Processioni del Venerdì Santo* gehören zu den sehenswerten Festen des Jahres. Lokale Bruderschaften veranstalten die Prozessionen, die in teils prunkvollen Gewändern den Kreuzgang Christi nachstellen. Die berühmteste der Kreuzwegnachstellungen in Ligurien, die seit dem 13. Jh. zelebriert werden, findet in geraden Jahren in Savona statt, die ★ *Processione del Venerdì Santo di Savona.*

Sarola im Imperotal oberhalb von Imperia: Ein weiteres Schauspiel in der Karwoche ist das *Passionsdrama u Pastu,* das von der Bevölkerung nachgestellte letzte Abendmahl am Gründonnerstag.

Ceriana, 13 km nördlich von San Remo, ist Schauplatz einer *Karwoche* voll ergreifender Rituale: kunstvolle Blumen- und Getreidegebinde, barocke Passionsskulpturen, Miseregesänge zum Klang von Hörnern aus Kastanienrinde, Kinderprozessionen.

Mai

Camogli, zweiter Sonntag: berühmtestes *Fischfest* Liguriens; in riesigen Pfannen wird Meeresgetier aller Art gesotten und kostenlos an Genießer verteilt.

Mai/Juni

Zu Fronleichnam laufen die *Prozessionen* über bunte Teppiche aus Millionen von Blütenblättern, besonders prachtvoll in Diano Marina und Sassello (oberhalb von Savona).

Baiardo (oberhalb von San Remo), Pfingstsonntag: Die ★ *Festa della Barca* ist ein folkloristisch besonders interessantes Fest: Auf dem Kirchplatz wird zu den melancholischen Klängen der *ballata della barca* um einen 30 m hohen Baumstamm getanzt. Die Ballade erzählt von der verbotenen Liebe zwischen Seefahrern aus Pisa und lokalen Edelfräuleins.

Juni

Am 24. Juni, dem Tag des Schutzpatrons Johannes des Täufers, bleiben die Geschäfte Genuas geschlossen, eine höchst eindrucksvolle *Prozession* zieht mit der Asche des Täufers vom Dom San Lorenzo zum Alten Hafen hinunter.

Juli

Genua: Ein kultureller Höhepunkt im ligurischen Sommer ist von Ende Juni bis Ende Juli das *Festival Internazionale del Balletto.*

Rapallo: Die ersten drei Tage im Juli wird mit Festen, Prozes-

Vorbereitungen für das Fischfest in Camogli im Mai

MARCO POLO TIPPS FÜR FESTE

1 Processione del Venerdì Santo di Savona
Seit dem 13. Jh. findet diese berühmteste der bekannten ligurischen Karfreitagsprozessionen in Savona statt (Seite 30)

2 Sagra della Mimosa
Schon Anfang Februar steht in Pieve Ligure der Frühling mit seinen Mimosen in voller Blüte (Seite 29)

3 Festa della Barca
Ein trauriger Anlass, ein tolles Fest – die getanzte Ballade erzählt von der verbotenen Liebe zwischen Matrosen und adligen Mädchen und ihrem tragischen Ende (Seite 30)

4 Stella Maris
Die Bootsprozession von Camogli nach Portofino am ersten Augustsonntag ist besonders pittoresk (Seite 31)

sionen und prächtigen Feuerwerken die *Madonna di Monte Allegro* gefeiert.

Taggia: Mitte des Monats (meist am dritten Wochenende) Zelebrierung des einzigen noch aufgeführten spätmittelalterlichen Totentanzes auf der *Festa della Maddalena.*

Am südlichsten Küstenstück der Italienischen Riviera werden im Sommer mehrere krachende Feste gefeiert. Zu Ehren von *San Giacomo,* dem Schutzpatron der Fischer, veranstaltet die Stadt Levanto zwischen dem 23. und 25. Juli gewaltige Feuerwerke auf dem Meer und einen nächtlichen Bootsfackelzug vor der Küste *(Infotel. 01 87 80 81 25).*

Cervo: Durch Juli und August ziehen sich die Konzerte des renommierten *Internationalen Festivals der Kammermusik.*

Juli–September

Die zahllosen der Mutter Gottes gewidmeten Wallfahrtskirchen sind in den Sommermonaten Schauplatz festlicher *Prozessionen* – oft mit Feuerwerkfinale.

August

Am ersten Augustwochenende, feiert La Spezia den *Palio del Golfo,* einen Wettkampf zwischen den Rudermannschaften der einzelnen Stadtviertel, den Kostümumzüge, Musikdarbietungen und ein Feuerwerk begleiten *(Tel. 01 87 77 09 00).*

Camogli, erster Sonntag: Zu der stimmungsvollen ★ Bootsprozession *Stella Maris* schwimmen im Abenddunkel Tausende von Lichtern auf dem Meer.

September

Noli, zweiter Sonntag: Bei der *Regata dei Rioni* wetteifern Männer und Frauen aus den verschiedenen Stadtvierteln in historischen Kostümen miteinander.

Oktober

Genua: Mitte Oktober findet der *Nautic-Salon* statt, größte Bootsschau im Mittelmeerraum.

Im Land der Blumen und Palmen

An der Badeküste zwischen Varazze und Ventimiglia gibt es die schönsten Strände und die mondänsten, aber auch teuersten Städte

Seit den Tagen des Engländers Thomas Hanbury, der in der zweiten Hälfte des 19. Jhs. bei Ventimiglia einen der prächtigsten botanischen Gärten Europas anlegte, hat sich an der Riviera di Ponente, der Küste des Westens, ziemlich viel geändert. Das Stück *arcobaleno* zwischen Genua und der italienisch-französischen Grenze mit den immer noch schönsten Stränden der gesamten Riviera hat sich von seinen Anfängen als charmante Sommerfrische der europäischen Nobelgesellschaft Ende des 19. Jhs. heute zu einem Magneten des anspruchsvollen Massentourismus entwickelt.

Russland an der Riviera: die orthodoxe Kirche San Basilio in San Remo

Die an ihren Rändern oft ziemlich zersiedelten Küstenstädtchen sind längst gänzlich auf den Ansturm der Urlauber programmiert – viele kommen aus Deutschland und seit eh und je aus England, Italiener vor allem aus dem nahen Piemont und der Lombardei. In der sommerlichen Hochsaison nerven übervolle Strände, Verkehrschaos und Parkplatznot.

Und die viel beschworene Blumenpracht? Sie verbirgt sich

Hotel- und Restaurantpreise

Hotels

€€€:	ab 130 Euro
€€:	70–130 Euro
€:	bis 70 Euro

Die Preise gelten für ein Doppelzimmer, bei dem das Frühstück *(colazione)* meist nicht inbegriffen ist.

Restaurants

€€€:	ab 40 Euro
€€:	25–40 Euro
€:	bis 25 Euro

Die Preise beziehen sich auf eine für das jeweilige Lokal typische Mahlzeit, meist drei Gänge, ohne Getränke.

großenteils unter den lang gezogenen, flachen Gewächshäusern der Schnittblumenindustrie, die die Ausläufer der Seealpen zur Küste hin pflastern – alles andere als eine Augenweide. Aber dennoch bleibt die Ponente ein Schmuckkästchen: hübsche Ferienpensionen, an denen sich Clematis und Bougainvillea hochranken, gepflegte und auf angenehme Weise altertümliche Hotelpracht, von Palmen, Magnolien, Bananenstauden gesäumte Strandpromenaden, Zitronengärten, Boutiquen, Schlemmerläden, Eisdielen und Restaurants aller Art.

Und wenn einem das Gedränge zu viel ist, dann fährt man eben im Frühling, im Herbst, im Winter – denn dank dem milden Klima und den vielen Sonnentagen ist die Ponente mit ihrer Vegetation, ihrem Licht, das die farbenfrohen Häuserfassaden zum Leuchten bringt, zu jeder Jahreszeit reizvoll. Auch die Einheimischen sind dann viel entspannter.

Oder Sie brechen ins Hinterland aus, fahren in die Berge mit ihren Wäldern und beschaulichen Dörfern, in die Olivenhaine von Dolcedo, oder – wers kann – zum Freeclimbing an den spektakulären Felswänden der Seealpen bei Finale Ligure.

ALASSIO

(109/E 3) Auch wenn der große, eigensinnige Ernest Hemingway hier seine Spuren hinterlassen hat: Der Ort ist nichts mehr für Individualisten, obwohl er sich, etwa längs der Strandpromenade, in den edlen Geschäften und Restaurants, eine gewisse Eleganz bewahrt hat. Alassio (11 000 Ew.) gilt mit seinen Hotels, die direkt am 3 km langen, feinsandigen Strand aufgereiht sind, und mit den vielfältigen Möglichkeiten, Wassersport zu treiben, als der Familienort schlechthin. Ein deutscher Badearzt entdeckte Ende des 19. Jhs. die Naturschönheiten und heilklimatischen Vorzüge gerade dieses Stückes Riviera – nicht umsonst nennt es sich Baia del Sole, Sonnenbucht.

BESICHTIGUNGEN

Budello

Das italienische Wort bedeutet einfach »enge Gasse«. In den alten Fischerorten der westlichen Riviera gibt es diese historischen *budelli,* Gassen zwischen hohen Häusern, deren Stützbögen und sogar Mauern miteinander verbunden sind, immer noch – so auch in Alassio. Hier ist der *budello* eine schöne Einkaufszone. *Via XX Settembre*

Muretto

In und vor dem Caffè Roma am Corso Dante Alighieri 308 (heute die Nachtbar Ad Maiora) trafen sich in den Fünfzigerjahren die Vips der Dolce Vita. Irgendwann kam die Idee auf, die Autogramme dieser Glamourkunden, allen voran Ernest Hemingway, auf in ein Straßenmäuerchen eingelassene Keramikkacheln zu verewigen. Die Kacheln werden immer mehr, die Namen zumindest für Nichtitaliener immer unbekannter. Zur Belebung findet im August die Miss-Muretto-Wahl statt. *Südlich vom Rathaus, Ecke Corso Dante, Via Cavour*

MARCO POLO TIPPS FÜR DIE RIVIERA DI PONENTE

1 Noli
Vor der Kulisse des Kaps lädt die einstige Seerepublik in ihre uralten Mauern ein (Seite 38)

2 Punta Est
Die herrliche Hotelvilla außerhalb von Finale Ligure hat einen Privatstrand (Seite 37)

3 Olio Extravergine
Flüssiges Gold: das beste im Hinterland Imperias (Seite 41)

4 Keramik in Albissola
Dekorationen, Museen, Skulpturen, Souvenirs, das Keramikkunstpflaster am Lungomare (Seite 46)

5 Pinacoteca Civica Savona
Die schönste Gemäldesammlung an der ganzen Riviera (Seite 45)

6 San Remo
Das ist die ehemalige (und jetzige) Ponente pur (Seite 42)

7 Altopiano delle Manie
Die Hochfläche bei Noli ist ein Paradies für Naturfreunde (Seite 38)

8 Giardino Botanico Hanbury
Der schönste Garten der ganzen Riviera liegt zwischen Ventimiglia und französischer Grenze (Seite 49)

Santa Croce
Ein schöner Spaziergang: auf der Strandpromenade nach Nordosten und dann zwischen Villengärten die alte Strada Romana hoch auf die Landspitze Capo Santa Croce zum gleichnamigen romanischen Kirchlein (11./12. Jh.).

RESTAURANTS

Osteria I Matetti
Ein lockerer Treffpunkt mit schmackhafter Lokalküche an der Hauptverkehrsstraße. *Mo geschl., Viale Hanbury 132, Tel. 01 82 64 66 80,* €

Palma
Ligurische Küche auf sehr hohem Niveau. Seit den Zwanzigerjahren ist das Lokal in den Händen der Familie Viglietti. *Mi geschl., Via Cavour 11, Tel. 01 82 64 03 14,* €€€

Panama
Ein feines Hotelrestaurant am Ende des Budello mit sorgfältig zubereiteten Fleisch- und Fischgerichten. *Mi geschl., Via Brennero 27, Tel. 01 82 64 60 52,* €€

ÜBERNACHTUNG

Beau Rivage
Geschmackvolles, charmantes, kleines Hotel in einer Villa aus dem 19. Jh., mit eigenem Strand. *20 Zi., Via Roma 82, Tel./Fax 01 82 64 05 85, www.alassio.it/beaurivage,* €€

Eden
Hübsches Hotel mit Privatstrand und gutem Essen auf grün umrankter Terrasse. *29 Zi., Passeggiata Cadorna 20, Tel. 01 82 64 02 81, Fax 01 82 64 30 37, www.alassio.it/eden, €€*

Spiaggia
Ein Hotel der gehobenen Klasse mit Strandbad, großer Sonnenterrasse und Pool. *85 Zi., Via Roma 78, Tel. 01 82 64 34 03, Fax 01 82 64 02 79, www.ivg.it/hotels/ads/alassspiaggiagh, €€€*

SPORT UND STRÄNDE

Der feinsandige Strand vor Alassio zählt zu den schönsten Stränden der Ponente, ist aber auch am überfülltesten. Wer bereit ist, 1–2 km vom Stadtkern in Richtung Süden nach Laigueglia oder in Richtung Norden nach Albenga zu gehen, findet die gleiche Sandqualität, hat aber mehr Platz. Vor Alassio sind alle gängigen Wassersportarten möglich, sogar Flaschentauchen. Für Golfer gibt es 17 km nordwestlich bei Garlenda einen zwischen Olivenhainen gelegenen 18-Loch-Platz, der Mitgliedern anderer Clubs problemlos zugänglich ist *(Tel. 01 82 58 00 12)*.

AM ABEND

An der Promenade, der Passeggiata Italia und ihren Seitenstraßen, drängt man sich abends in Eiscafés und Musikbars.

Osteria Mezzaluna
Versteckt in einem Gässchen zum Strand trifft man sich hier zu Livemusik, Wein und Snacks. *Vico Berno 6*

U-Breche
Unter den Diskotheken der Ponente ein regelrechter Dauerbrenner. *Corso Dante Alighieri 204*

Le Vele
Ein Ort für einen ganz besonderen Abend mit feinen Speisen

Auf 3 km erstreckt sich der feinsandige Strand von Alassio an der Baia del Sole

und Tanz nach südamerikanischen Rhythmen. *Via Giancardi 46*

AUSKUNFT

Via Mazzini 62, Tel. 01 82 64 70 27, Fax 01 82 64 78 74

ZIELE IN DER UMGEBUNG

Albenga **(109/E 3)**
In einem der reizvollsten historischen Ortskerne der Riviera befindet sich der älteste erhaltene Bau Liguriens: die achteckige *Taufkirche Battistero* aus dem 5. Jh. Sie steht hinter der ebenfalls sehenswerten Kathedrale *San Michele,* einer Pfeilerbasilika aus dem 13. Jh. Albenga war in der Antike und im Mittelalter bis zu seiner Vereinnahmung durch die Genueser Seemacht eine blühende Hafen- und Bischofsstadt. Davon zeugen die eindrucksvollen Geschlechtertürme der einst großen Familien Albengas sowie die Fundstücke in den Museen, allen voran zwei voll beladene römische Frachtschiffe, die vor 40 Jahren im Meer vor Albenga gefunden wurden, zu sehen als Rekonstruktion im *Museo Navale Romano (Di–So 10–12 und 15–18 Uhr, Piazza San Michele 12).*

Ein nettes Lokal lädt in der Altstadt ein: *Osteria Sutta Ca' (Do-Abend und So geschl., Via E. R. Ricci 10, Tel. 018 25 31 98, €).* Albenga ist berühmt für seine Artischocken. Das Arroscia- und das Nevatal führen ins bergige Hinterland. Ein spannendes Projekt findet hier im Dörfchen Colletta bei Castelbianco statt, dessen neue Bewohner in mittelalterlichen, aber ultramodern verkabelten Gemäuern leben und »telematisch« arbeiten – ein bisher einmaliges Zukunftsmodell für abgeschiedene Dörfer.

Landeinwärts lässt es sich auch gut unterkommen, z.B. 4 km nördlich in einer der fünf Ferienwohnungen auf dem Bauernhof *Il Colletto* in *Campochiesa d'Albenga (Via Cavour 34, Tel. 018221858, Fax 018 22 18 59, €)* oder 2 km weiter in der idyllisch gelegenen Hotelanlage *Ca' di Berta (10 Suiten, Tel. 01 82 55 99 30, Fax 01 82 55 98 88, €€€)* in einem ehemaligen Landkomplex in *Salea* oder im zauberhaften Landhotel *La Meridiana* 7 km landeinwärts in *Garlenda (31 Zi., Via ai Castelli, Tel. 01 82 58 02 71, Fax 01 82 58 01 50, www.relaischateaux.fr/meridiana, €€€).*

Ceriale **(109/F 2)**
Im kleinen Badeort zwischen Albenga und Loano kann man sich im riesigen Wasserfunpark *Le Caravalle* vergnügen, die Diskothek *Acquadance* gehört dazu. *Via S. Eugenio 51 (Juni–Sept.)*

Isola Gallinara **(109/E 3)**
Im Sommer führen Bootsausflüge von Alassio und Albenga aus an die kleine, von ungewöhnlich reicher Vegetation bedeckte Felseninsel heran: einst Eremitenzuflucht und Benediktinerkloster, heute Naturreservat.

Laigueglia **(109/E 4)**
Eine 3 km lange Strandpromenade führt von Alassio in südlicher Richtung bis an den zauberhaften Ort mit seinen schönen farbigen Häusern heran. Durch den lebhaften alten Kern führt wieder der *budello,* die enge historische Gasse. Außerhalb der Altstadt erhebt sich *San Matteo,*

eine der schönsten Barockkirchen Liguriens. Ein Küstenwachturm aus dem 16. Jh. und ein prächtiges Volksfest Anfang August *(Lo Sbarco dei Saraceni)* erinnern an die einstmals häufigen Überfälle sarazenischer Piraten. Der feinsandige Strand gehört zur Baia del Sole, der so genannten Sonnenbucht; die Sonnenhungrigen teilen ihn sich mit den bunten Fischerbooten.

Fangfrischen Fisch bekommen Sie z. B. in der *Trattoria Il Pescatore (Mo geschl., Piazza Garibaldi 7, Tel. 01 82 69 01 24, €)*. Atemraubend auf Felsterrassen über dem Meer gelegen, öffnet in den Sommermonaten die Diskothek *La Suerte (Via Roma 115)* dem Nachtvolk ihre Pforten.

Santuario Madonna della Guardia (109/D 3)

Der Ausflug (hinterm Bahnhof von Alassio 8 km landeinwärts) hinauf zu dieser Wallfahrtskirche aus dem 17. Jh. lohnt schon wegen des phantastischen Panoramas.

BORDIGHERA

(107/D 6) Ein Hauch alten englischen Adels liegt über dem Städtchen (10 000 Ew.), denn hier begann Mitte des 19. Jhs. die Ansiedlung britischer Sonnensucher an der Riviera. Auch Künstler kamen, Maler wie etwa Claude Monet, den die Mischung aus mediterraner und tropischer Flora faszinierte. Auf den ersten Anhöhen entstanden elegante Villen in üppigen exotischen Gärten, zu sehen etwa beim Spaziergang über die Via Romana. Ebenfalls zum Flanieren lädt die Strandpromenade *Lungomare Argentina* mit ihrem herrlichen Weitblick ein. Die gemütliche Altstadt – 1471 gegründet, von einer Ringmauer umfasste Turmhäuser und enge Gassen – nistet oberhalb des *Capo Sant'Ampelio,* benannt nach dem Einsiedler Ampelio. Er soll hier auf dem Kap gelebt und von einer Ägyptenreise die Samen von Dattelpalmen mitgebracht haben. Palmen stehen hier hoch und aufrecht überall. Noch bis vor ein paar Jahren belieferte Bordighera den Vatikan zu Ostern mit Palmwedeln (jetzt sind Olivenbaumzweige an ihre Stelle getreten). In einen regelrechten Palmenhain, der sich auf Terrassen den Hang hinaufstuft, gelangt man von der Altstadt aus über die malerische *Via Beodo,* die einen vom Wildbach Sasso gespeisten Bewässerungskanal flankiert. Jenseits des Kaps liegt ein schicker Yachthafen.

BESICHTIGUNGEN

Casa di Riposo Margherita di Savoia

Der ehemalige Alterssitz der 1926 am selben Ort verstorbenen Exkönigin. Innen nicht zu besichtigen, aber von außen sehenswert. *Via Romana*

Giardino Esotico Pallanca

Im Klima der Ponente gedeiht selbst Tropisches – ein schöner Kakteengarten Richtung San Remo. *Tgl. 9–12.30 und 15–19.30 Uhr (im Winter bis 17.30 Uhr und Mo-Vormittag geschl.), Via Madonna della Ruota 1*

Sant'Ampelio

Zu Füßen der Altstadt, direkt am Strand, steht die kleine Kirche an genau jenem Platz, wo der Eremit gleichen Namens 428 gestorben sein soll.

MUSEUM

Museo Bicknell
Der Engländer Clarence Bicknell erforschte als Erster die so genannten Ritzzeichnungen am Fuße des heute zu Frankreich gehörenden Berges Monte Bego. An seinem Fuß hinterließen bislang unbekannte Urmenschen 40 000 Kleinzeichnungen von Tiergespannen, Waffen und Menschen. Das Museum zeigt von den Felswänden abgepauste Kopien dieser Ritzzeichnungen, archäologische Fundstücke und Botanisches. *Mo–Fr 9.30–13 und 13.30–16.45 Uhr, Via Romana 39*

RESTAURANTS

Piemontese
Gute Fisch- und Fleischküche zu zivilen Preisen. *Di geschl., Via Roseto 8, Tel. 01 84 26 16 51, €–€€*

La Via Romana
Meisterhaft feine, leichte Küche. *Do-Mittag und Mi geschl., Via Romana 57, Tel. 01 84 26 66 81, €€€*

ÜBERNACHTUNG

Grand Hotel del Mare
Wunderschön gelegenes, modernes Luxushotel mit hängenden Gärten und Pool, 2 km östlich der Stadt. *111 Zi., Via Portico della Punta 34, Tel. 01 84 26 22 01, Fax 01 84 26 23 94, www.grandhoteldelmare.it, €€€*

Villa Elisa
Angenehm altmodische Herrschaftsvilla, in einem Garten aus Oliven- und Mandarinenbäumen gelegen, mit Swimmingpool. Geräumige Zimmer. *35 Zi., Via Romana 70, Tel. 01 84 26 13 13, Fax 01 84 26 19 42, www.villaelisa.com, €€*

Villaggio Turistico Baia La Ruota
Eine Bungalowanlage, direkt am Meer gelegen. *Via Madonna della Ruota 34, Tel. 01 84 26 52 22, €–€€*

AUSKUNFT

Via Vittorio Emanuele 172, Tel. 01 84 26 23 22, Fax 01 84 26 44 55

ZIELE IN DER UMGEBUNG

Coldirodi **(107/D–E 5)**
Hier werden Rosen gezüchtet, die im späten Frühjahr und Sommer in voller Blüte stehen (10,5 km Richtung San Remo). Außerdem eine Gemäldesammlung (15.–19. Jh.): *Pinacoteca Rambaldi, Di, Do, Sa 15–18, Mi, Fr, So 9–12 Uhr, Piazza San Sebastiano*

Ospedaletti **(107/E 5)**
Der 5 km entfernt liegende Ort ist bekannt für seinen alten Kasinobau und sein besonders mildes Klima. Palmen und Tropisches, aber auch die hässliche Schnittblumenindustrie gedeihen hier besonders gut.

Principato di Seborga **(107/D 5)**
Mittelalterliche Urkunden und spleeniger Eigensinn haben aus dem 10 km nordöstlich gelegenen Dorf ein »Fürstentum« gemacht, mit Seiner Hoheit Giorgio I., mit eigener Münzprägung und vergnüglichen Tanzabenden im Sommer. Unter der Kirche soll der berüchtigte Graf von

Ventimiglia ruhen, von Emilio Salgari (1863–1911) als »Der schwarze Korsar« literarisch verewigt. Zum Abschluss: Kaninchenbraten in der *Hosteria del Coniglio* (reservieren!), *Di geschl., Tel. 01 84 22 38 20, €–€€*

FINALE LIGURE

(**110/B 6**) Im wahrsten Sinn des Wortes ging es hier einst nicht weiter, war man am Ende. *Ad fines* nannten die alten Römer das Gebiet hinter dem Capo di Noli. Das heutige Finalese-Gebiet war für sie Grenzland, ja sogar Niemandsland. Dabei hat die Gegend eine viel längere Geschichte als die alten Römer: Sie war nämlich Jagdrevier prähistorischer Höhlenmenschen. Heute besteht der Hauptort Finale Ligure mit seinen 13 000 Ew. aus drei Gemeinden, die sich 1927 zusammengeschlossen haben: *Finale Marina,* heute ein lebhaftes, freundliches Ferienstädtchen, erstreckt sich an einem breiten, feinsandigen Küstenstreifen zwischen den Mündungen der Bergflüsse Pora und Sciusa. Die Strandpromenade säumen Palmen, schöne alte Stadthäuser mit Arkaden schmücken den Ortskern, etwa an der Piazza der Ba-

Baden und Sonnen an der Felsenküste bei Finale Ligure

rockkirche San Giovanni Battista oder an der zum Meer hin offenen Piazza Vittorio Emanuele. Jede Menge Hotels, Cafés, Restaurants, Kneipen, Eisdielen und Sportangebote sorgen fürs Wohlbefinden der Urlauber, darunter viele Deutsche.

Finalpia schließt sich östlich der Sciusamündung an, der Strand ist schmaler, der Ort ruhiger; einen Besuch lohnt im alten Kern die Abtei *Santa Maria di Pia.*

Finalborgo liegt 2 km landeinwärts oberhalb der Küstensiedlung und überrascht durch seinen malerischen alten Kern hinter hohen Festungsmauern aus dem 15. Jh. Die Kirche *San Biagio* weist ein prachtvolles spätbarockes Inneres auf. In einem Teil des alten Klosterkomplexes Santa Caterina ist das interessante Museo Civico untergebracht. Oberhalb des Borgo thront die Burg *Castel Gavone* (15 Minuten Fußweg). Das Bergland des Finale-Gebietes zieht mit seinen Felswänden aus hellem Kalkgestein, der so genannten Pietra di Finale, voller Fossilien, Grotten und mediterraner Macchia und seinen phantastischen Weitblicken über die Küste die europäische Freeclimberszene an.

MUSEUM

Museo Civico del Finale

Das Museum oben in Finalborgo zeigt und rekonstruiert – neben Stücken aus Antike und Mittelalter – vor allem das, was man in prähistorischen Grabstätten und in den einstmals bewohnten Höhlen und Grotten des Finale-Gebietes, z. B. auf der Hochebene Manie, gefunden hat. Es ist im Obergeschoss des Konvents *Santa Caterina* untergebracht, wobei man die beiden zweigeschossigen Kreuzgänge ebenfalls unbedingt besichtigen sollte. *Mitte Sept.–Mitte Juni Di–So 9–12 und 14.30–16.30 Uhr, Mitte Juni–Mitte Sept. 10–12 und 15–18 Uhr, Piazza Santa Caterina, Finalborgo*

RESTAURANTS

Osteria del Castel Gavone

Man sitzt in alten Gemäuern oder auf der Terrasse am Castel Gavone oberhalb von Finalborgo und isst z. B. Lamm mit Kapern oder Schnecken mit Pinienkernen. *Di geschl., Castel Gavone, Tel. 019 69 22 77, €–€€*

Rosita

In Finalpia: Zum Blick aufs Meer gibts schmackhafte ligurische Küche, Fisch wie Fleisch. Auch neun Zimmer. *Mi geschl., Via Manie, Tel. 019 60 07 19, €–€€*

ÜBERNACHTUNG

Florenz

Gemütlich, freundlich, komfortabel, mit Pool und guter Küche. *31 Zi., Via Celesia 1, Tel. 019 65 56 67, Fax 019 68 06 94, €*

Ostello della Gioventù Castello Vuillermin

Die Jugendherberge in Finale Marina mit toller Aussicht ist romantisch in einer neogotischen Burg untergebracht. *69 Plätze (2- bis 5-Bett-Zimmer), Via G. Caviglia 46, Tel./Fax 019 69 05 15, hostelfinaleligure@libero.it, €*

Punta Est

★ Der Name sagts: Am östlichsten Zipfel von Finale Ligure liegt dieses edel geführte Hotel.

Es ist in einer Herrschaftsvilla aus dem 18. Jh. und einem modernen Neubau untergebracht und liegt in einem schönen Park voller Pinien und Palmen, Bougainvilleen und Hibisken. *40 Zi., 5 Apartments, Via Aurelia 1, Tel./Fax 019 60 06 11, www.puntaest.com,* €€€

AM ABEND

Auf die funkelnden Reflexe schauen, die das Mondlicht auf die nachtschwarzen Wellen wirft, durch die bis spät in die Nacht belebten und erleuchteten Gassen von Finale Marina schlendern, in den Kneipen und Eiscafés am Lungomare und der Piazza Vittorio Emanuele sitzen.

Café Baquito
Treffpunkt der Jüngeren zum Cocktailtrinken und Musikhören am westlichen Ende der Strandpromenade von Finale Marina. *Mo geschl., Lungomare Italia*

AUSKUNFT

Via San Pietro 14, Tel. 019 68 10 19, Fax 019 68 18 04

ZIELE IN DER UMGEBUNG

Altopiano delle Manie (110/B–C 6)
★ Von Finalpia aus geht es hinauf auf die naturgeschützte Hochebene der Manie (8 km), mit Wiesen voller Blumen und Kräutern, Wäldern aus Eichen und Lärchen und Grotten und Felsformationen ein schönes Ausflugs- und Wandergebiet.

Borgio Verezzi (110/A–B 6)
Eine Gemeinde (2200 Ew.), zwei Ortschaften, drei Siedlungsformen: Am schmalen Sandstrand zieht sich natürlich wieder der Badebetrieb mit der umtriebigen Neustadt jenseits der Via Aurelia entlang, beschauliche Ruhe setzt dem der Altstadtkern Borgio um die Piazza San Pietro mit der gleichnamigen klassizistischen Kirche entgegen. Hier lädt das Restaurant *Dâ Casetta (Di und außer Sa/So mittags geschl. Tel. 019 61 01 66,* €€*)* mit bester ligurischer Küche ein. Auf 200 m Höhe erhebt sich ein Haufen steingrauer Häuser, *Verezzi,* mit grandiosem Panorama und inmitten von terrassierten Gemüse- und Obstfeldern, heute ein beliebtes Ausflugsziel.

Loano (109/F 1)
Noch bis ins 18. Jh. Feudalbesitz der mächtigen Doria-Familie, hat sich Loano heute zu einem großen, etwas anonymen Küsten- bzw. Badeort (11 000 Ew.) mit über 30 Strandbädern und einem Yachthafen entwickelt.

Noli (110/C 5–6)
★ Ein echtes Juwel ist Noli: Das nahezu intakte mittelalterliche Städtchen (3000 Ew.) schmiegt sich in eine Bucht mit Strand vor dem Capo Noli, einem Bergbuckel des Finalegebiets. Türme, niedrige Arkaden, eine hochromantische Burgruine und vor allem die eindrucksvolle Kirche *San Paragorio* aus dem 11. Jh. zeugen von der einstigen Bedeutung Nolis, das im Mittelalter immerhin eine freie Hafenstadtrepublik war. Der Ort eignet sich gut als Kulisse für Historienfeste, die hier mit Vorliebe gefeiert werden. Im Ortskern findet man ein paar kleine, ganzjährig geöffnete Hotels mit guter, nicht billi-

ger Küche. Für süße Spezialitäten Liguriens ist die Konditorei *Pasticceria Scolvini (Via Colombo 3)* weithin bekannt.

Pietra Ligure **(109/F 1)**
Ein weiterer reichlich zersiedelter Küstenort (10 000 Ew.) mit Badebetrieb und Schiffsbauindustrie.

Toirano **(109/E 1)**
Vom 10 km südlich gelegenen Borghetto Santo Spirito geht es hinauf nach Toirano, Ziel sind die berühmten und aufregendsten der Tropfsteinhöhlen im grottenreichen Kalkgebirge der Ponente, die *Grotte di Toirano (tgl. 9–12 und 14–17 Uhr, Juli/Aug. 9.30–18 Uhr, mit Führung).*

Val Ponci **(110/B 6)**
Beim Ausflug ins steile Tal des Bergflusses Aquila (von Finalpia aus Richtung Feglino) begegnet man den Überbleibseln der alten Römerstraße Via Julia Augusta in Gestalt von fünf römischen Brücken, bestens erhalten ist der *Ponte delle Fate,* die Feenbrücke. Nicht weit davon fand man frühgeschichtlich bewohnte Höhlen.

Varigotti **(110/C 6)**
Gleich hinter dem Yachthafen von Finale Ligure kommt das 1000-Seelen-Dorf mit etlichen sehenswerten Häusern, die im mediterran-arabischen Baustil gehalten sind. So gibt sich dann auch das charmante *Hotel Arabesque (38 Zi., Piazza Cappello da Prete, Tel. 019 69 82 62, Fax 019 69 82 63, €€–€€€).* Die Feinschmecker kommen fürs *Ristorante Muraglia – Conchiglia d'Oro (Mi, im Winter auch Di geschl., Via Aurelia 133, Tel. 019 69 80 15, €€€),* vor allem für seine kunstvollen Fischgerichte weithin bekannt. Hemingway liebte Varigotti mit seiner zauberhaften Front der bunten ehemaligen Fischerhäuser direkt am Strand. Bei *Malpasso,* Richtung Capo di Noli, überrascht ein so genannter fossiler Strand mit versteinerten Wellenspuren.

IMPERIA

(108/C 5) Das Schönste an der Provinz Imperia sind die weiten Täler im bergigen Oberland. Entlang der Flüsse Impero, Maro und Cervo erstrecken sich riesige Haine mit Olivenbäumen, die zu einem gewissen Reichtum Imperias beitragen. Denn in Imperia (40 000 Ew.) befinden sich bedeutende Unternehmen zur Herstellung von Olivenöl – genauer in Oneglia. Denn Imperia als Provinzhauptstadt gibt es erst seit 1923. Per Gesetz wurden die Gemeinden Oneglia und Porto Maurizio gezwungen, sich zusammenzuschließen, obwohl sie mehr trennte als nur der Fluss Impero, der zwischen ihren Gemeindegebieten ins Mittelmeer mündet. Jahrhundertelang hatten die beiden Orte sogar unterschiedlichen Machtblöcken angehört: In Porto Maurizio flirtete man während der napoleonischen Kriege mit den Revolutionären aus Paris; in Oneglia pflegte man als Vorposten Turins den Franzosenhass. Heute wächst zusammen, was nicht zusammen gehört.

BESICHTIGUNG

Für Oneglia: Fehlanzeige! Wenn man nicht gerade Interesse an den modernen Bauten der Petrochemie hat, die ebenso hässlich sind wie die Zweckbauten, in denen die Massenproduktion von Olivenöl stattfindet, bietet die Stadt dem kunstinteressierten Reisenden leider herzlich wenig. Dafür entschädigen das exzellente kalt gepresste Olivenöl, zu kaufen bei *Bottega d'Olio 1870, P. De Amicis 20/r, Oneglia,* sowie die Altstadt von *Porto Maurizio.*

Eine achteckige Kuppel überwölbt den neoklassizistischen Dom San Maurizio

Dom San Maurizio
Die Kollegiatskirche liegt mitten in der Altstadt von Porto Maurizio. Sie gilt als eine der frühesten neoklassizistischen Kirchen Italiens. Am Vorabend der Französischen Revolution hatte der Lombarde Gaetano Cantoni den Bau mit deutlicher Abneigung gegen das schnörkelige Rokoko rigoros geplant. Die Inneneinrichtung, ebenfalls im Neoklassizismus, kam im frühen 19. Jh. hinzu.

MUSEUM

Museo dell' Olivo
Hier sieht man, wie aus den kleinen Früchten das köstliche Öl entsteht. *Mi–Mo 9–12 und 15 bis 18.30 Uhr, Via Garessio 13, Oneglia*

RESTAURANTS

Lanterna Blu da Tonino
Tonino Fiorillo, Ehemann der Besitzerin Lucia Caramagno, ist ein echter Neapolitaner und singt wunderbar. Die Küche zählt zu den besten in Ligurien. *Mi geschl., Via Scarincio 32, Porto Maurizio, Tel. 018 36 38 59, €€€*

Pane e Vino
Ganz schlicht: Brot und Wein, aber davon eine reiche Auswahl, zu Käse und kleinen Gerichten. Bis spätabends ist viel los. Beim Hafen von Oneglia. *So-Mittag und Mi geschl., Via Des Geneys 52, Tel. 01 83 29 00 44, €*

Le Tamerici
Am Strand in der einstigen Fischersiedlung von Porto Maurizio; fangfrischer Fisch, bestens zubereitet. *Di geschl., Lungomare Colombo 142, Tel. 01 83 66 71 05, €€–€€€*

AUSKUNFT

Viale Matteotti 37, Tel. 01 83 66 01 40, Fax 01 83 66 65 10

ZIELE IN DER UMGEBUNG

Andora **(109/D 4)**
Der 16 km nordöstlich von Imperia gelegene Ort entwickelt sich langsam, aber sicher zu einem Refugium der Pensionäre. Immer mehr Italiener und Langzeittouristen wählen hier ihren Alterssitz. In einem Komplex aus dem 13. Jh. bietet *La Casa del Priore (Mo und mittags geschl., Via Ca-*

stello 34, Tel. 018 28 73 30, €€€) in elegantem Ambiente raffinierte Küche, eine der besten weit und breit. In der dazugehörigen *Brasserie (Mo und mittags geschl., €–€€)* isst man ebenfalls gut, aber einfacher und damit preiswerter.

Wanderungen führen über die Landspitze *Capo Mele* und ins Hinterland. 2 km landeinwärts im Merulatal stößt man auf die Reste eines Kastells und die wunderschöne romanisch-gotische Kirche *San Giacomo e Filippo*. Vor der Küste lädt ein Yachthafen die Segler ein.

Borgomaro und Lucinasco (108/B 4)
Im Hinterland Imperias beginnt mit über 1 Mio. Olivenbäumen das beste ★ Olivenanbaugebiet Liguriens (ein feines, säurearmes Öl) – und damit für viele das beste überhaupt. Auch wenn sich moderne Pressmethoden durchgesetzt haben, finden sich immer noch einige Ölmühlen mit Steinrädern, *frantoio* genannt, die eine besonders schonende Kaltpressung ermöglichen. Einige der besten Öle bekommt man 15 km landeinwärts im jahrhundertealten *Frantoio Laura Mavaldi* im Bergort *Borgomaro (Piazza della Chiesa 1, Tel. 01 83 540 31)* und im benachbarten *Lucinasco,* von der EU zum drittschönsten Dorf Italiens erkoren, im *Frantoio Dino Abbo (Via Roma, Tel. 018 35 24 11)*.

Cervo (109/D 5)
Bougainvillea über schmiedeeisernen Pforten, ein Kastell (Sitz des interessanten Bauern- und Fischermuseums *Museo Etnografico del Ponente Ligure, tgl. 9–12.30 und 16–18.30 Uhr),* mittelalterliche Gassen und Treppen bis hinunter an die Küstenstraße, eine schöne Barockkirche sowie ein renommiertes Sommerfestival der Kammermusik ergeben eine der malerischsten Ortschaften (1300 Ew.) an der Ponenteküste. *Auskunft: Piazza Santa Caterina 2, Tel. 01 83 40 81 97*

Diano Marina (109/D 5)
Cervo geht nahtlos über in die modernen Badeorte San Bartolomeo al Mare und das vor allem bei Deutschen und Jugendlichen beliebte ⚲ Diano Marina an schmalem, flachem, endlosem Sandstrand. Eukalyptusbäume, Pinien und Palmen säumen die Straßen, Gemüse- und Obstanbau kennzeichnen das flache Hinterland. Es gibt jede Menge Hotels, Ferienwohnungen und Möglichkeiten zu sportlicher Betätigung. Im Juni, zum Fronleichnamsfest, bedecken den Asphalt Millionen von zu kunstvollen Mustern gelegten Blüten. Im Sommer gibt es regelmäßig Feuerwerke und Kurkonzerte, deren genauer Termin ebenso wie die Öffnungszeiten des *archäologischen Museums* (wird zzt. restauriert) im *Tourismusbüro (Piazza Martiri della Libertà 1, Tel. 01 83 49 69 56)* zu erfragen ist. Das Museum hortet Fundstücke, die die uralte Geschichte Dianos bezeugen – entstanden ist es als römische, der Göttin Diana geweihte Kultstätte.

Auf die Jüngeren warten unzählige ⚲ Plätze für Nachtschwärmer, Kneipen, Pubs, Crêperien. Zum Tanzen gehts z. B. in die Diskothek *Tango Club* am Pier *Molo Landini* (hier auch die beliebte Diskobar *Acquasalata*). Ein Laden, der immer läuft, ist *Sortilegio* in der *Via Mortula 2.*

SAN REMO

(**107/E–F 5**) ★ In San Remo (56 000 Ew.) scheint die Sonne 2600 Stunden im Jahr. Damit rühmt sich das Schmuckstück an der Riviera di Ponente, das man auch dann besuchen sollte, wenn man die Mondänität des Ortes für einen ganzen Urlaub nicht mag. Mit seinen berühmten Blumenfesten und Blumenmärkten ist San Remo das Zentrum der Riviera dei Fiori. Doch nicht nur das Klima lockt Touristen an, sondern auch die vier großen C: *casinò e cura, congressi e cultura;* also: Kasino und Kuren, Kongresse und Kultur. Die Glitzerstraße *Via Matteotti* teilt San Remo: Zur *Via Nino Bixio* hin und in Richtung Meer findet man die moderne Neustadt mit den Treffpunkten der eleganten Welt, Palmen säumen den *Corso Imperatrice;* weiter oben liegt die *Pigna* genannte, malerisch verwinkelte Altstadt. Ende Februar ist San Remo Schauplatz des italienischen Schlagerfestivals, das die Italiener für eine Woche wie kaum ein anderes Ereignis vor die Mattscheibe bannt. In San Remo selbst ist dann besonders viel los, Nachtschwärmer und Musikfreunde kommen voll auf ihre Kosten. Im Oktober ist dann die internationale Elite der Liedermacher an der Reihe, beim *Festival Premio Tenco,* ebenfalls im Teatro Ariston. Musik zum Mitnehmen gibts im Plattenladen ✝ *Pop off, Via Gaudio 11.*

BESICHTIGUNGEN

Giardino Regina Elena
Der reizvolle kleine Garten liegt oben in der Altstadt. Man erreicht ihn am besten zu Fuß über die Piazza San Siro (mit sehenswerter Kirche San Siro, 13./17. Jh.) und das folgende Gewirr von kleinen und kleinsten Treppengässchen. Herrliche Aussicht auf das neue, mondäne San Remo.

Madonna della Costa
Die Wallfahrtskirche aus dem 17. und 18. Jh. befindet sich oberhalb des Gartens Regina Elena. Vom Vorplatz der Kirche, die eine sehenswerte Fassade hat, hat man einen phantastischen Blick bis aufs Meer.

Monte Bignone
Einst führte eine Seilbahn auf den 1299 m hohen Hausberg San Remos. Heute erreicht man den Gipfel mit dem Auto, mit dem Bus (von der Piazza Colombo aus) oder zu Fuß.

MUSEUM

Museo Civico
Gezeigt werden Funde aus der Geschichte des Ortes, aus der Steinzeit und der römischen Antike. Ligurische Malerei zeigt die Pinakothek. *Di–Sa 9–12.30 und 15–18, So 9–12 Uhr, Via Matteotti 143*

RESTAURANTS

In San Remo ist alles ein bisschen teurer als anderswo an der Ponente und Levante. Das ärgert besonders beim banalen Touristenmenü. Also aufpassen!

Le Cantine Sanreminesi
Gemüsetorten, Sardinenauflauf und im Winter der berühmte Stockfisch: gute, frische Hausmannskost. Im Zentrum. *Mo*

Vom Hausberg San Remos schweift der Blick über das Tal zum Meer

geschl., Via Palazzo 7, Tel. 01 84 57 20 63, €

Maggiorino
In dieser Imbissbar im Zentrum bekommt man die typisch ligurische *farinata,* einen Fladen aus Kichererbsenmehl. *Mo–Sa 6–14 und 16–19.30 Uhr, Via Roma 183, Tel. 01 84 50 43 38, €*

Paolo e Barbara
Exzellente Küche und Weine zu stolzen Preisen. *Do-Mittag und Mi geschl., Via Roma 47, Tel. 01 84 53 16 53, €€€*

ÜBERNACHTUNG

Nike
Zentral gelegenes, aber sehr ruhiges, angenehmes Hotel ohne Restaurant. *43 Zi., Via Asquasciati 37, Tel./Fax 01 84 53 14 28, €€*

Royal
Das Hotel der Extraklasse, einstige Nobelherberge des Hochadels, steht in einem 16 ha großen botanischen Garten mit einem sehenswerten Schwimmbad. *140 Zi., Corso Imperatrice 80, Tel. 01 84 53 91, Fax 01 84 66 14 45, www.royalhotelsanremo.com, €€€*

Villa Mafalda
In der Nähe des Spielkasinos liegt diese zauberhafte Jugendstilvilla mit einem herrlichen Blick auf San Remo. *34 Zi., Corso Nuvoloni 18, Tel. 01 84 57 25 72, Fax 01 84 57 25 74, €€*

Camping Villaggio dei Fiori
Ein Campingplatz mit Bungalows am Meer, ganzjährig geöffnet. *Via Tiro a Volo 3, Tel. 01 84 66 06 35*

SPORT

Das sonnenreiche Klima San Remos fördert auch die zahlreichen sportlichen Angebote der Stadt. Wer es eher ruhig und gemächlich mag: 5 km nördlich von San Remo liegt der 18-Loch-Golfplatz *Gli Ulivi.* Er kann ganzjährig bespielt werden. *Di geschl., Tel. 01 84 55 70 93*

Ein Extremerlebnis von ganz anderer Art im Sommer: Bungeespringen von der 120 m hohen Brücke *Ponte di Loreto* bei *Molini di Triora,* 30 km landeinwärts. Auskunft: *IAT Taggia* oder *Exploring-Bungee, Mailand, Tel. 02 29 40 31 36*

Für Kajak und Rafting eignet sich der Fluss Argentina. Bootsausflüge zur Walbeobachtung starten vom alten Hafen San Remos (und von Savona und Genua).

AM ABEND

Bar Melody

Vom morgens bis nach Mitternacht lebhafter Szenetreff. *Corso Matteotti 170*

Kinos

Zwei wunderschöne Nostalgiekinos haben in San Remo überlebt: *Cinema Sanremese (Corso Matteotti 200)* und *Cinema Tabarin (Corso Matteotti 107).* Am besten vor der Vorstellung kommen, um sie gebührend zu bewundern.

Ninfa Egeria

Antik gestyltes Ambiente und die besten Feste während des Schlagerfestivals. *Via Matteotti 178*

Spielkasino

Nicht weit vom Strand und Bahnhof in einem winzigen Park. Es werden Roulette, Black Jack und Bakkarat gespielt. *Der Saal mit den Slotmaschinen öffnet um 11 Uhr, die Spielsalons um 14.30 Uhr, Corso Imperatrice*

Traditionsreich: das Jugendstil-Spielkasino von San Remo

AUSKUNFT

Largo Nuvoloni 1, Tel. 01 84 57 15 71, Fax 01 84 50 76 49, www.apt.rivieradeifiori.it

ZIELE IN DER UMGEBUNG

Bussana Vecchia **(108/A 6)**
Ein von Künstlern und Handwerkern bevölkertes Ruinendorf, das vor 100 Jahren ein Erdbeben zerstört hatte. Heute ein beliebtes Ausflugsziel (8,5 km von San Remo entfernt).

Triora **(107/E 2)**
Landeinwärts von San Remo geht es über Taggia ins Tal des Argentina (Kanu und Rafting) hinauf Richtung Triora, eine schöne Ausflugsgegend mit Olivenanbau, Wäldern und intakten, uralt-malerischen Dörfern wie Badalucco, Molini di Triora und Triora selbst. Letzteres wartet mit einem spannenden Hexenmuseum auf, dem *Museo della Stregoneria (Mo–Fr 15–19, Sa/So 10.30–12 und 15–19 Uhr, Corso Italia 1)*. Es zeigt – neben bäuerlicher Alltagskultur – Utensilien für magische Riten und Folterwerkzeuge der einst hier bezeugten Hexenverfolgung.

SAVONA

(111/D 4) Der fünftgrößte Hafen Italiens ist gleichzeitig der größte Kohleimporthafen des Landes. Es wäre ein Fehler, an Savona einfach vorbeizurauschen. Denn der historische Kern der Stadt, der erst aus der Zeit nach der verheerenden Zerstörung im Jahr 1542 durch Andrea Doria und die erzverfeindeten Genueser stammt, ist mehr als einen Blick wert.

Ein Spaziergang lohnt sich: Die Altstadt liegt zwischen Hafen, Via Paleocapa, Via Manzoni und Via Giuria. Mit fast 63 000 Ew. ist Savona die drittgrößte Stadt Liguriens. Berühmt ist sie auch durch ihre Glas- und Majolikafabrikation.

BESICHTIGUNG

Duomo Santa Maria Assunta
Nach Plänen des Architekten Battista Sormano zwischen 1589 und 1605 errichtet, wurde der Bau in den folgenden Jahrhunderten immer wieder verschlimmbessert. Beachtlich allerdings sind einige Ausstattungsstücke aus dem 17. Jh. und selbstverständlich der *Domschatz,* dessen kostbarste Stücke seit 1982 linker Hand vom Chor gesondert verwahrt werden. Dazu gehören im ersten Raum die Himmelfahrt von Ludovico Brea (um 1500), das *Kreuzreliquiar* aus dem 13. Jh., die *Savonische Monstranz* und das *florentinische Altarkreuz* aus dem 15. Jh. in der Mitte des zweiten Raumes. Geöffnet nach Rücksprache mit dem Küster, der ein Trinkgeld um die 2 Euro erwartet – selbstverständlich für den Klingelbeutel. *Piazza del Duomo*

MUSEEN

Pinacoteca Civica
★ Die Pinakothek ist eine wahre Schatzkammer der Malerei Liguriens zwischen dem 14. und 18. Jh. Besonders sehenswerte Stücke sind Ludovico Breas Kreuzigung, die Madonna mit Kind aus der Werkstatt von Nicolò da Voltri und Fra Gerolamo da Brescias Triptychon. Außer-

dem: Keramikstücke, vor allem die alten Porzellanbehälter aus dem ehemaligen Krankenhaus der Stadt, erzählen die Geschichte der Savoneser Porzellanherstellung. Die Pinakothek ist in der Festung Priamar untergebracht. *Mo, Mi, Fr, Sa 8.30–13, Di und Do 8.30–18 Uhr, Corso Mazzini 1*

Priamar

Die Festung, deren Name sich von dem Begriff *pietra sul mar* – »Stein über dem Meer« – ableitet, liegt direkt an der See. Das Bauwerk, ein Meisterwerk der Festungsbaukunst des 16. Jhs., ist Schauplatz sommerlicher Veranstaltungen und – neben der Pinacoteca – Sitz weiterer Museen: *Museo Renata Cuneo* (Skulpturen einer Künstlerin Savonas, zzt. geschl.) und *Museo Sandro Pertini* (Sammlung moderner Kunst des ehemaligen Staatspräsidenten), *Öffnungszeiten wie die Pinakothek.* Außerdem das *Museo Archeologico: Di–Sa 10–12 und 15–17 (im Sommer 16–18) Uhr, So nur nachmittags, Corso Mazzini 1*

RESTAURANTS

Wer von seinem Ferienort einen Tagesausflug nach Savona macht, der sollte den Mittagsimbiss mit dem typisch ligurischen, würzigen Kichererbsenfladen *farinata* bestreiten. Im Zentrum: *Vino e Farinata, So/Mo geschl., Via Pia 15r, €*

EINKAUFEN

Montags findet auf der *Piazza del Popolo,* einem großen, von riesigen Bäumen bestandenen Platz am Rande der Innenstadt, ein reichhaltiger Markt statt. Am ersten Wochenende im Monat gibt es Antiquitäten auf den Straßen des Zentrums.

ÜBERNACHTUNG

Wer nicht unbedingt muss, wohnt nicht in Savona. Doch gehören eine Reihe Campingplätze zum Gemeindegebiet sowie im *Kastell Priamar* eine Jugendherberge *(60 Plätze in 1- bis 6-Bett-Zimmern, Tel./Fax 019 81 26 53).*

AUSKUNFT

Via Guidobono 23, Tel. 01 98 40 23 21, Fax 01 98 40 36 72

ZIELE IN DER UMGEBUNG

Albissola Marina und Albisola Superiore (111/D 3–4)

Zwei Gemeinden, ein zusammengewachsenes Siedlungsgebiet, das durch die Autobahntrasse und die Bahnlinie getrennt ist: Albissola Marina erstreckt sich am langen Kies-Sand-Strand entlang, dahinter liegt landeinwärts Albisola Superiore. Hier lebt man zum einen natürlich vom Ferienbetrieb, zum anderen aber von der Keramikherstellung, die auf eine jahrhundertelange Tradition zurückblickt. Das zeigt in Albisola Superiore das *Museo della Ceramica Manlio Trucco (Mo–Sa 10–12 Uhr, Corso Ferrari 193).* Eine Keramiksammlung des 20. Jhs. zeigt in Albissola Marina das Fabrikmuseum *Fabbrica Casa Museo Mazzotti (tgl. 10 bis 12 und 16–18 Uhr, auf Wunsch Führungen durch die Fabrik, Viale Matteotti 29).* ★ Keramik allerorten: Souvenirgeschäfte voll bunter Keramik, Keramikdekorationen an den Einfassungen von Haustüren, als Ladenschilder, in Mauern eingelassen. Den Höhepunkt bildet die lange Strandpromenade, die mit von modernen Künstlern gestalteten Keramikmustern gepflastert ist, der *Lungomare degli Artisti.*

Einen Besuch lohnt in Albissola Marina die *Villa Durazzo-Faraggiana (März–Sept. Di–So 15–19 Uhr, Via Salomoni 117)* in schönem Park, ein Anwesen aus dem 18. Jh., das – neben Keramik – zeigt, in was für einem luxuriösen Ambiente die ligurische Aristokratie einst lebte.

Ein Einkehrtipp in Albissola Marina: Gute Laune und gutes Essen bekommt man in der *Osteria Al Pampano (Di geschl., Tel. 019 48 00 63, Via Colombo 15, €).* Für seine abendlichen Beachpartys berühmt ist das Strandbad *Golden Beach* am Lungomare.

Celle Ligure **(111/D 3)**
Noch einer dieser Badeorte mit modernem Tourismus am langen Strand und einem hübschen älteren Kern mit farbigen, aufs Meer gerichteten Häuserfassaden, das typische Ligurienbild.

Cogoleto **(111/F 2)**
Der kleine Bade- und Industrieort, auf halbem Weg zwischen Genua und Savona, eignet sich als Basis für Ausflüge und Kletterpartien ins bergige Hinterland bzw. in den Naturpark des *Monte Beigua,* der höchsten Erhebung an der Ponente (1287 m). Außerdem meinen die Leute von Cogoleto, Christoph Kolumbus sei hier geboren – was freilich sehr umstritten ist.

Varazze **(111/E 3)**
Der Yachthafen, in dem es alle Wassersportmöglichkeiten gibt, ist sehr touristisch. Die Pfarrkirche *Sant'Ambrogio* mitten im Ort lohnt wegen ihrer Gemälde und Statuen. Aperçu am Rande: Von hier brach ein gewisser Lanzerotto Malucello auf und entdeckte mit dem nach ihm benannten Eiland die Kanarischen Inseln vor der Küste Afrikas.

Der Baron in den Bäumen

»Cosimo war auf der Steineiche... Während er sodann ständig danach Ausschau hielt, wo ein Ast unmittelbar neben den Ästen eines anderen Baumes herlief, wechselte er auf einen Johannisbrotbaum und danach auf einen Maulbeerbaum über. Auf diese Weise sah ich Cosimo von einem Ast zum anderen gelangen und gleichsam den Garten überqueren.« Mit diesem Wunsch eines Zwölfjährigen, fortan sein ganzes Leben nur noch in den Wipfeln der Wälder zu verbringen, beginnt das schönste Buch des Schriftstellers Italo Calvino, »Der Baron in den Bäumen«. Es liest sich wie eine rasante Tarzan-Raserei durch Ligurien. Denn obwohl Calvino in Kuba geboren wurde (1923) und im toskanischen Siena starb (1985), gilt der Schriftsteller skurriler modern-altertümlicher Märchen, nicht nur weil er an der Italienischen Riviera, in San Remo, aufgewachsen ist und gerne gelebt hat, als einer der bedeutendsten Künstler des *arcobaleno.*

VENTIMIGLIA

(**106/C5**) Das Grenzstädtchen (25 000 Ew.) zu Frankreich teilt der Fluss Roja, der hier ins Meer mündet. Westlich liegt die Altstadt *città vecchia;* östlich findet man moderne Viertel mit Parkanlagen und breiten Straßen. Mehrere Brücken über den Roja verbinden die beiden Stadtteile. Das Wichtigste an Ventimiglia, neben dem Freitagsmarkt und Spitzenrestaurants in der Umgebung, ist ein paar Kilometer außerhalb der weltberühmte Giardino Hanbury.

BESICHTIGUNGEN

Duomo Santa Maria Assunta

Am Platz des Domes gab es schon seit dem 9. Jh. eine Kirche. Ausgrabungen in den späten Sechzigerjahren des 20. Jhs. legten die Grundmauern des Vorgängerbaus frei. Seine endgültige Form bekam der Dom dann im 13. Jh. *Via del Capo*

Via Garibaldi

Die Hauptachse im Kern der Altstadt hinter dem Dom ist wegen der vielen mittelalterlichen Häuser sehenswert. Eines dieser Gebäude ist das *Oratorio dei Neri,* das Oratorium der Nerianer aus dem Spätbarock mit Gemälden von Francesco Carrega.

RESTAURANTS

Baia Beniamin

Das elegante Fischrestaurant, das 6 km vom Ortskern entfernt herrlich am Meer liegt, wechselt täglich die Speisekarte. Wenn sie drauf ist, sollten Sie unbedingt die Torte mit kleinen Fischen *(sformato di gianchetti)* essen. Es gibt fünf schöne Zimmer im Haus. *So-Abend und Mo geschl., Grimaldi Inferiore, Corso Europa 63, Tel. 01 84 38 00 02, €€€*

Marco Polo

In dem familiär geführten Haus am Meer in der Neustadt spricht man kein Deutsch. Wie man hier kocht? Ligurisch mit Zutaten aus dem Meer. *So-Abend und Mo geschl., Passeggiata Felice Cavallotti 2, Tel. 01 84 35 26 78, €€–€€€*

EINKAUFEN

Freitags findet am Rojaufer und in den Straßen um die Via Vittorio Veneto im neueren Stadtteil ein riesiger Wochenmarkt statt: Neben Bekleidung auch Gastronomisches, Haushaltswaren, Pflanzen und Kräuter. Es kommen sogar Händler und Käufer aus dem nahen Frankreich. *8 bis 16.30 Uhr*

ÜBERNACHTUNG

La Riserva

Das schönste Hotel (mit einem guten Restaurant, €€€) liegt auf einem Bergrücken 5 km in Richtung Frankreich vom Zentrum Ventimiglias entfernt. Unterhalb der ★ Burgruine von Castel d'Appio hat man einen herrlichen Blick über das Meer. *25 Zi., Castel d'Appio, Tel. 01 84 22 95 33, Fax 01 84 22 97 12, www.lariserva.it, €€*

Roma

Das ist der bekannteste, größte und am besten ausgerüstete Campingpark in Ventimiglia. *Nov.–Feb. geschl., Via Peglia 5, Tel. 01 84 23 90 07, Fax 01 84 23 90 35*

AUSKUNFT

Via Cavour 61, Tel./Fax 01 84 35 11 83

ZIELE IN DER UMGEBUNG

Balzi Rossi **(106/B 5–6)**
Nicht nur den geschichtsinteressierten Besucher werden die durch Skelettfunde berühmt gewordenen so genannten *Grimaldi-Grotten* beeindrucken. Zahllose Wandzeichnungen aus der mittleren und älteren Steinzeit vermitteln einen unverstellten Blick auf die Lebens- und Denkweise einer uralten Menschenrasse. Sehenswert ist darüber hinaus auch das *Museo preistorico dei Balzi Rossi (Frazione Balzi Rossi, Di–So 9–19 Uhr, Grotten bis eine Std. vor Sonnenuntergang und nur bei gutem Wetter).* Am Fuß des roten Felsens gelegen, also in unmittelbarer Nähe der Funde aus der Zeit des Cromagnonmenschen, gibt es ein berühmtes (allerdings auch sehr teures) Feinschmeckerrestaurant: *Balzi Rossi (Di-Mittag und Mo geschl., Frontiera San Ludovico, Via Balzi Rossi 2, Tel. 01 84 38 13 2, €€€).*

Dolceacqua **(106/C 4)**
In der Umgebung der 10 km nördlich gelegenen, malerischen Festungsstadt mit der Ruine der Doria-Burg wächst der beste ligurische Rotwein, der Rossese di Dolceacqua. Ein Einkaufs- und Ferientipp 8 km weiter nördlich: das *Weingut Agriturismo Terre Bianche im* Ortsteil *Arcagna.* Hier kann man feine Weine und Olivenöl kaufen und zwischen acht netten Zimmern wählen *(Tel. 018 43 14 26, Fax 018 43 12 30, www.terrebianche.com, €).*

Ein botanisch-architektonisches Gesamtkunstwerk ist der exotische Giardino Hanbury in La Mortola

Giardino Botanico Hanbury **(106/C 5)**
★ Nahe an der Grenze zu Frankreich, in *La Mortola,* befindet sich dieser einmalige Garten, mit Abstand der schönste und artenreichste an der ganzen Riviera. 1867 erwarb der Engländer Sir Thomas Hanbury hier einen Olivenhain aus dem Besitz einer ligurischen Familie. Mit seinem Bruder Daniel und dem deutschen Gärtner Ludwig Winter verwandelte er das von der alten Via Aurelia durchschnittene Gelände in einen Park mit üppiger Vegetation. Die ungefähr 5000 Pflanzenarten in diesem Garten sind beschriftet. Schöner noch als im Sommer kann man den Park im späten Frühjahr erkunden. *Okt.–März Do–Di 10–16 Uhr, April–Mitte Juni tgl. 10–17 Uhr, Mitte Juni–Sept. tgl. 9–19 Uhr, Corso Montecarlo 43, La Mortola*

An der Küste der schroffen Felsen

Paradiesbuchten und romantische Klippendörfer vor wild bewegter Bergkulisse

Östlich von Genua beginnt die Riviera di Levante, die Küste der aufgehenden Sonne. Sie lockt mit Buchten, die sich Golfo Paradiso nennen: der paradiesische Golf vor Camogli. Oder Baia delle Favole, die märchenhafte Bucht, und Baia del Silenzio, die stille Bucht: Das sind die beiden Buchten, die den Felssporn von Sestri Levante flankieren. Der Golfo dei Poeti, der Golf der Dichter, ist nach den romantischen Schöngeistern im 19. Jh. wie Lord Byron, Percy B. Shelley und John Keats benannt, die der Zauber des Küstenstreifens unterhalb von Lerici in Bann schlug.

Im Vergleich zur flacheren, weitläufigeren Riviera di Ponente mit ihren langen Sandstränden bietet die Riviera di Levante ein ganz anderes Bild: Sehr viel steiler, unzugänglicher, unregelmäßiger fällt hier der Apennin ins Meer. Manchen Ortschaften bleibt nur der Küstensaum von ausgefransten Felsspornen oder eine Reihe winziger Einbuchtungen, in die sie sich drücken. Diese Enge schützt sie indes auch vor moderner Zersiedelung und Massentourismus. Breite Sandstrände darf man da nicht viele erwarten, eher wird man mit dem Sprung von den Klippen vorlieb nehmen müssen oder mit den Zementplattformen und Holzstegen der Badeanstalten.

Zwei Musterbeispiele sind das exklusive Portofino in seiner kleinen, tief eingeschnittenen Bucht und die auf Felsen klebenden, weltweit berühmten Cinque Terre, die so genannte Fünf-Länder-Küste. Letzterer haben wir in diesem MARCO POLO Führer ein eigenes Kapitel gewidmet, auch wenn sie streng genommen den östlichen Abschluss der Riviera di Levante bildet.

Über die Bergrücken und Küstenkämme ziehen sich herrliche, gut ausgeschilderte Wanderwege durch üppige immergrüne Wälder, Buschlandschaften, Weinterrassen, Olivengärten. Dabei schweift der Blick immer wieder über die bewegte Küste oder fällt

Der kleine Hafen mit den bunten Fischerbooten trägt ganz erheblich zum Charme von Camogli bei

hinunter aufs glitzernde Meer, auf die weißen Boote in den zahlreichen Sporthäfen.

Die Riviera di Levante beginnt in Nervi, diesem einst berühmten Villenort, in den im 19. Jh. Könige und Literaten zur Sommerfrische fuhren und den sich heute längst die Peripherie Genuas einverleibt hat. Lassen Sie sich davon nicht abschrecken, denn wer etwa zur Rosenblüte durch den herrlichen Stadtpark von Nervi spaziert oder auf der kilometerlangen Klippenpromenade, eingeschnitten in die Felsküste, an der das Meer hochschäumt, den atemberaubenden Weitblick auf dieses wunderschöne Küstenrelief genießt, der befindet sich in Nervi an genau der richtigen Stelle zum Start für eine Reise entlang der Riviera di Levante.

CAMOGLI

(114/A 4) ★ Natürlich ist Camogli, am Golfo Paradiso vor der Kulisse der Halbinsel von Portofino gelegen, längst kein Geheimtipp mehr, dazu ist es für viel zu viele der (teure) Lieblingsort an der Levante geworden: Das Küstenstädtchen (5900 Ew.) bezaubert mit seiner Häuserphalanx, die sich am Strand in engem Schulterschluss auftürmt. Hier sind es keine geduckten, schmalen Fischerhäuschen, sondern stattliche Häuser mit hoch aufgeschossenen Fassaden in wunderschönen Farben. Die zusätzlich im Trompe-l'œil-Stil aufgemalten Fenster unterstreichen den urbanen Wohncharakter.

Die Bausubstanz stammt vornehmlich aus dem 19. Jh., aus Camoglis Blütezeit als Wohnort der Betreiber einer riesigen Segelflotte, der legendären »tausend weißen Segler«. Diese Flotte war damals größer als die Rotterdams, Genuas oder Hamburgs.

Viele Mailänder haben heute hier ihre Ferienwohnung, möglichst mit Panoramabalkon aufs

MARCO POLO TIPPS FÜR DIE RIVIERA DI LEVANTE

1. **Museo Civico Archeologico**
Wo man in La Spezia den Stolz der Ligurer begreift (Seite 60)

2. **Camogli**
Besonders eindrucksvoll: die typisch ligurische, bunte Fassadenphalanx (Seite 52)

3. **Baia del Silenzio in Sestri**
Die feinsandige »Bucht der Stille« ist eingerahmt von stattlichen Palazzi (Seite 58)

4. **Samt in Zoagli**
Wie heute noch Samt und Seide mit der Hand gemacht werden (Seite 58)

5. **Trattorien in La Spezia**
Eine Reihe erfreulicher, bezahlbarer Einkehradressen – eine Seltenheit in ganz Ligurien (Seite 60)

6. **Portofino**
Allein der Blick ist einen Abstecher wert (Seite 66)

Meer und den gepflegten Kieselstrand. Diese Kieselsteine sind auf vielen Gassen und dem Kirchvorplatz zu schönen Pflastermustern gelegt. Von Camogli geht es in die Dörfer Ruta und vor allem in das herrlich gelegene San Rocco, Ausgangspunkt für Wanderungen an die Landspitze Punta Chiappa, über den Bergrücken des Parco Naturale del Monte Portofino und in die Bucht mit dem Kloster San Fruttuoso.

BESICHTIGUNG

Hafen
Die Kaimauer der kleinen, beschaulichen Hafenanlage mit bunten Fischerbooten stammt noch aus dem 17. Jh.; vom Strand trennt ihn ein Felsen, auf dem sich das mittelalterliche *Castello Dragone* sowie die trutzige Pfarrkirche *Santa Maria Assunta* mit prachtvollem Innern (13./18. Jh.) erheben. Vom Hafen starten Ausflugsboote nach San Fruttuoso, Portofino, Cinque Terre etc.

Santuario del Boschetto
Auf dem Weg nach Ruta kommt man durch den Ortsteil Boschetto mit der Marienkirche Nostra Signora del Boschetto (17. Jh.); hier lohnt die Sammlung von anrührenden Exvotobildern einen Blick.

MUSEUM

Museo Marinaro
Über die Schifffahrtsgeschichte gibt das Marinemuseum Auskunft. Es liegt neben der Schifffahrtsakademie, die seit 1874 Kapitäne ausbildet. *Mo, Do, Fr 9–12 Uhr, Mi, Sa, So 9–11.45 und 15–17.45 Uhr, V. Gio Bono Ferrari 41*

RESTAURANTS

Bana
Eine freundliche Trattoria mit sommerlicher Terrasse und köstlichen Gemüsegerichten, in *Ruta* (3 km außerhalb). *Mo und Di geschl., Via Costa di Bana 26, Tel. 01 85 77 24 78, €–€€*

La Camogliese
Sorgfältige, frische Fischküche mit Blick aufs Meer am *lungomare*, der Uferpromenade. *Mi geschl., Via Garibaldi 78, Tel. 01 85 77 10 86, €€*

La Rotonda
Ebenfalls am *lungomare* mit Terrasse zum Strand, neben Fischgerichten auch gute Pizzen. *Di geschl., Via Garibaldi 101, Tel. 01 85 77 45 02, €–€€*

ÜBERNACHTUNG

La Camogliese
Eine nette Ferienpension in Strandnähe. *16 Zi., Via Garibaldi 55, Tel. 01 85 77 14 02, Fax 01 85 77 40 24, €*

Casmona
Direkt am Meer in einem alten Camogli-Haus, einige Zimmer haben Balkon; ganzjährig geöffnet. *27 Zi., Salita Pineto 13, Tel. 01 85 77 00 15, Fax 01 85 77 50 30, www.casmona.com, €€*

Cenobio dei Dogi
Das »Dogenkloster« ist ein Hotel der Luxusklasse mit Terrasse und Park zum Meer hin. *107 Zi., Via Cuneo 34, Tel. 01 85 72 41, Fax 01 85 77 27 96, www.cenobio.it, €€€*

AUSKUNFT

Via XX Settembre 33, Tel./Fax 01 85 77 10 66

ZIELE IN DER UMGEBUNG

Bogliasco/Pieve Ligure (113/E 5)
Nach Genua und Nervi ist Bogliasco der erste Badeort an der Levante, mit grobem Kiesstrand an kleiner, zwischen Felsen gefasster Bucht. In der Gebetskapelle *Santa Chiara* überrascht eine Reihe aufwändiger Prozessionskreuze.

Das sich anschließende Pieve Ligure, über dem felsigen Küstensaum gelegen, verdankt die frühe Mimosenblüte (Fest Anfang Februar) seinem extrem milden Klima. Und wilde Orchideen blühen auf den Bergwiesen des nahen *Monte di Santa Croce,* zu dem ein Wanderweg hinaufführt. Von dessen Spitze (518 m) starten die Paraglider ihren Flug über die Küste.

Recco (114/A 4)
Der im Zweiten Weltkrieg zerstörte, anonym wieder aufgebaute Ort ist dennoch berühmt, und zwar für seine gastronomische Sorgfalt: Die widmet man sowohl der einfachen *focaccia al formaggio,* einem Hefeteigfladen mit Käse, der jedes Jahr am vierten Maiwochenende sogar groß gefeiert wird, als auch der gehobenen Küche in den guten Restaurants wie etwa *Da ö Vittorio (Do geschl., Via Roma 160, Tel. 01 85 740 29, €€–€€€),* auch Hotelbetrieb, oder *Manuelina (Mi geschl., Via Roma 278, Tel. 01 85 741 28, €€–€€€; € in der preiswerten Focacceria, Di geschl.).* Zum Manuelina gehört das elegante Hotel *La Villa (23 Zi., Tel. 0185720779, Fax 0185721095, www.manuelina.it).*

Torriglia (114/A 1)
In den knapp 50 km landeinwärts gelegenen Luftkurort (769 m, 2200 Ew.) führt eine schöne Landschaftstour über den Passo della Scoffera. Von Torriglia starten Ausflüge auf den unter Naturschutz gestellten *Monte Antola* (1597 m), wegen seiner weichen, im Frühling duftig blühenden Wiesen, seiner verstreuten Dorf- und Kastellreste und seiner herrlichen Ausblicke ein sehr beliebtes Wandergebiet.

Die Megafritteuse im Hafen von Camogli

Man kann es kaum glauben, muss es einfach mal gesehen haben: In der größten Pfanne der Welt – 4 m Durchmesser und ein 6 m langer Pfannenstiel – werden 1000 kg in der Nacht zuvor frisch gefangene Fische und Meeresfrüchte in 1000 l Öl frittiert. Daran essen sich am zweiten Maiwochenende mindestens 10 000 Menschen satt – im Namen des Schutzpatrons von Camogli, San Fortunato, dessen kostbare Silberbüste in feierlicher Prozession durch die hübschen Gassen getragen wird. Und nicht nur in der Megapfanne, sondern an allen Straßenecken wird gebrutzelt – wie immer, wenn es in Italien etwas zu feiern gibt.

Uscio **(114/A 3)**
Seit über 200 Jahren ist dieser 12 km landeinwärts gelegene Ort (2200 Ew.) auf die Herstellung von Kirchturmuhren spezialisiert – und damit weit über die Grenzen Liguriens hinaus bekannt. Ein viel besuchtes Ziel von Schlemmerausflüglern ist die versteckt im Grünen liegende *Trattoria Chiapparino (Do geschl., Via Colle Caprile 35, Tel. 018 59 12 79, €).*

CHIAVARI

(114/C 4–5) Der Name der Stadt bedeutet »Schlüssel der Täler«. Tatsächlich laufen vor Chiavari die drei Apenninflüsse Graveglia, Lavagna und Sturla zusammen und bilden gemeinsam die Entella, die zwischen der Stadt und dem Nachbarort Lavagna ins Meer mündet. Die nahen Flusstäler, hat man erst die zersiedelten Talöffnungen hinter sich gelassen, gehören zum Schönsten, was die Italienische Riviera zu bieten hat. Markierte Wanderwege durchziehen sie.

BESICHTIGUNGEN

Altstadtbummel
Chiavari lohnt weniger als Badeort als vielmehr zum Bummeln durch eine überraschend lebhafte Altstadt unter Arkaden voller Geschäfte und einladender Bars. Hauptachse ist der so genannte *carrugiu dritu (Via Martiri della Libertà).*

Palazzo Rocca
Einst Residenz (17./19. Jh.) der Adelsfamilie Rocca, steht heute der dazugehörige Park den Bürgern offen. In den ehemaligen Stallungen zeigt das *Museo Archeologico (Di–Sa sowie 2. und 4. So im Monat 9–13.30 Uhr)* hochinteressante Funde aus der prähistorischen Zeit Chiavaris und der Umgebung. Die Beletage des Palazzos beherbergt eine sehenswerte *Pinakothek (Sa/So 16–19 Uhr)* mit Malerei des 17. Jhs. *Via Costaguta 2–4*

Ein lohnender Ort zum (Einkaufs-) Bummel ist die Altstadt von Chiavari

RESTAURANTS

Da Chiavari nicht nur vom Tourismus lebt, kann man hier gut und zugleich bezahlbar essen.

Creuza de Mä
Der Besitzer fängt den Fisch selbst, den er sehr einfallsreich zubereitet. Übrigens: Creuza de Mä, das ist der für ligurische Fischerorte typische Pfad, mit rotem Backstein gepflastert, der wie ein roter Faden von der Ha-

fenmole hinauf zwischen die Häuser führt. Er wird immer wieder von Poeten besungen, der *cantautore* Fabrizio De André hat nach ihm sogar eine LP benannt. *Mo und mittags geschl., Piazza Cademartori 34, Tel. 01 85 30 14 19, €–€€*

Enoteca Piccolo Ristorante
Frittierte Zucchiniblüten, Artischockensuppe, Fisch in Kräutern, Kaninchenbraten und dazu eine phantastische Weinauswahl, denn das winzige Lokal ist zugleich Weinhandlung. *Di geschl., Via Bontà 22, Tel. 01 85 30 64 98, €–€€*

Luchin
Einladende, lebhafte und bodenständige Traditionstrattoria unter den Arkaden der Altstadt. *So geschl., Via Bighetti 53, Tel. 01 85 30 10 63, €*

EINKAUFEN

Chiavari ist berühmt für seine Stühle aus Buchenholz und Stroh. In vielen Geschäften und sogar am Straßenrand vor kleinen Familienbetrieben werden sie angeboten. Das gute Olivenöl der Gegend kann man direkt bei den Ölgenossenschaften kaufen. Die beste Weinhandlung der Levante mit dem seltenen Dessertwein *passito di Lerici* ist die *Enoteca Bisson (Corso Gianelli 28r).*

ÜBERNACHTUNG

Zia Piera
Ein besonders angenehmes, kleines Hotel, direkt am Meer und mit guter Fischküche. *27 Zi., Corso Valparaiso 54, Tel. 01 85 30 76 86, Fax 01 85 31 41 39, €–€€*

AUSKUNFT

Corso Assarotti 1, Tel. 01 85 32 51 98, Fax 01 85 32 47 96

ZIELE IN DER UMGEBUNG

Basilica dei Fieschi **(114/C 4)**
Die Familie Fieschi gewann seit dem Mittelalter großen Einfluss in Genua und Ligurien, überall stößt man bei Palazzi und Burgen auf ihren Namen. Ihre Rivalität mit der Doria-Familie trieb sie 1547 zu einer Verschwörung gegen den mächtigen Andrea Doria, in der sie unterlag und jämmerlich zerstört wurde, nachzulesen bei Schiller in der »Verschwörung des Fiesko zu Genua«.

Von Chiavari geht es Richtung Cogorno im Gravegliatal, ein Dorf mit Weitblick auf Chiavari und Lavagna, auf die Entellamündung und die terrassierten Hänge mit Olivenhainen. Von Cogorno führt ein Abzweig zur *Basilica San Salvatore dei Fieschi,* einem der schönsten Beispiele für den typisch ligurischen, romanisch-gotischen Baustil mit seinem helldunklen Streifenmuster aus Kalk- und Schiefergestein. Das gilt auch für den nahen gotischen *Palazzo dei Fieschi.* Die Basilika wurde 1252 durch Papst Innozenz IV., auch er ein Fieschi, geweiht.

Den Ausflug hinauf zu dieser eindrucksvollen Anlage kann die Einkehr in einem sympathischen Restaurant mit bester ligurischer Landküche krönen, ein paar Kilometer weiter hinauf im Gravegliatal in *Conscenti: Antica Trattoria dei Mosto (Mi geschl., Piazza dei Mosto 15/1, Tel. 01 85 33 75 02, €)*

Lavagna **(114/C 5)**
Der Ortsname (*lavagna* = Schiefertafel) verweist auf die traditionelle Lebensgrundlage, die das bergige Hinterland hier seit Jahrhunderten liefert: den Abbau von schwarzem Schiefergestein, der in Ligurien vielfach bei der Fassadenverzierung und als Dachbedeckung zu finden ist. Lavagna schließt sich jenseits der Entellamündung an Chiavari an und bietet vor allem einen großen Sporthafen und Mitte August ein berühmtes Volksfest, die kollektive Verspeisung einer gigantischen Torte, der *Torta dei Fieschi.* Mit dem nächsten Küstenort *Cavi* verbindet Lavagna ein schier endloser Sandstrand, der längste an der Levante.

Leivi **(114/C 4)**
Hier, 8,5 km von Chiavari entfernt, findet sich das beste Restaurant der näheren Umgebung. Das *Ristorante Ca' Peo (Di-Mittag und Mo geschl., Via dei Caduti 80, Tel. 01 85 31 96 96, €€€)* ist in einem ehemaligen Bauernhaus untergebracht. Durch die Fenster hat man einen herrlichen Blick auf Stadt und Meer. Für Weingenießer: Auch fünf Apartments sind zu mieten.

Madonna delle Grazie **(114/C 4)**
3 km von Chiavari entfernt, gleich hinter dem ersten Straßentunnel Richtung Genua, liegt die Wallfahrtskirche auf einem Hügel, der den Aufstieg schon wegen des schönen Blicks lohnt. Sehenswert im Innern der Kirche ist das Bild eines Unbekannten von der Leidensprozession Jesu Christi. Von vorn zeigt es den bekannten Erlöser mit Dornenkrone und Geißelwunden; von hinten (!) sieht man den zerfetzten Rücken.

Sestri Levante **(115/D 5)**
Das lebhafte Ferienstädtchen (20 300 Ew.) bildet mit seinem vorgelagerten Felsinselchen den östlichen Abschluss des Golfo del

Die Landzunge Punta Manara rahmt Sestris beschauliche Baia del Silenzio

Tigullio. Seit dem Mittelalter ist das felsig zerfranste, mit üppiger Vegetation bewachsene Inselchen mit dem Festland durch sandige Schwemmablagerungen verbunden. Sie bilden zum Golfo del Tigullio hin die »Märchen«-Bucht *Baia delle Favole,* den lang gezogenen Strand zum Westen hin, mit zahlreichen Strandbädern, Sportangeboten und dem *lungomare,* der Uferpromenade mit Eiscafés.

Zur anderen, östlichen Seite hin öffnet sich die besonders schöne Bucht ★ *Baia del Silenzio,* die sich, wie der Name schon sagt, stiller, abgeschiedener präsentiert. Ihre Kulisse bilden die bis an den Strand herangebauten stattlichen Häuser, wieder mit den typisch ligurischen farbigen Fassaden. Der Blick nach vorn fällt auf die bewaldete Landzunge Punta Manara, zu der ein Wanderweg führt.

Der alte Ortskern von Sestri zieht sich vom Inselchen landeinwärts, man flaniert über den lebhaften *budello,* die Altstadtgasse Via XXV Aprile mit Renaissancehäusern mit in Schieferstein gefassten Portalen, Geschäften und Cafés. Oben auf dem Hügel, in die Vegetation des Inselchens eingebettet, liegt das Luxushotel *Grand Hotel dei Castelli (30 Zi., Via della Penisola 26, Tel. 01 85 48 57 80, Fax 018 54 47 67, htl.castelli@rainbownet.it, €€€)* mit herrlichem Panorama (und nur in der Hauptsaison geöffnet).

Sestri Levante ist reichlich ausgestattet mit Ferienhotels. Eine empfehlenswerte Adresse zur Einkehr im neueren Teil ist die *Trattoria della Mandrella (Di geschl., Viale Dante 37, Tel. 018 54 27 16, €).* Auskunft: *Piazza Sant'Antonio 10, Tel. 01 85 45 70 11, Fax 01 85 45 95 75*

Val Fontanabuona **(114/B 3)**

Das Fontanabuonatal bildet eines der Flusstäler oberhalb von Chiavari; berühmt ist es wegen seines Schieferabbaus; im Hauptort *Cicagna* findet man Geschäfte, die Mitbringsel wie Schalen, Aschenbecher usw. aus diesem schönen, anthrazitgrauen Gestein anbieten. Aus dem Fontanabuonatal kommen die Schieferplatten für Billardtische – weltweit. Um den Schieferabbau näher kennen zu lernen, lohnt der Besuch des *Ecomuseo dell'Ardesia – La Via della Pietra Nera* im Ortsteil *Chiapparino (Viale Italia 25 a, Öffnungszeiten erfragen unter Tel. 01 85 97 10 91),* das Führungen durch alte Brüche und Werkstätten anbietet.

Varese Ligure **(115/F 4)**

Ein Ausflugsziel 45 km im Landesinnern ist Varese Ligure, hochberühmt wegen der schneckenrunden Anlage seiner alten, hervorragend restaurierten Häuser. Von dort geht es weiter hinauf auf den *Passo delle Cento Croci,* eine wunderschön bewaldete Berggegend.

Zoagli **(114/B–C 4)**

Der Ort auf halbem Weg zwischen Chiavari und Rapallo mit seinem Strand unter den hohen Pfeilern der Bahnlinie ist bekannt für seinen Samt und seinen Seidendamast. Auch wenn in den letzten Jahren viele Samtfabriken zugemacht haben, gibt es immer noch ein paar ★ Werkstätten, die diese Tradition aufrechterhalten und auf Webstühlen prachtvolle Stoffe herstellen. Dabei darf man zuschauen: *Giuseppe Gaggioli* in der *Via Liggia 1 (Abzweigung auf der Höhe der Via Aurelia 208, Tel. 01 85 25 90 57)*. Auch ein Laden gehört dazu: *Mo–Sa 9–12.30 und 14.30–18.30 Uhr.* Samt- und Seidenstoffe findet man auch im Laden *Velluti e Seterie Cordani (Via San Pietro 21, an der Via Aurelia Richtung Chiavari).*

LA SPEZIA

(**117/E4**) Die Provinzhauptstadt – mit rund 100 000 Ew. hinter Genua zweitgrößte Stadt Liguriens – habe, befand Kaiser Napoleon, »den schönsten Hafen der Welt«: »Seine Reede ist besser als die von Toulon, und seine Verteidigung, sei es zu Wasser oder zu Lande, ist einfach!« Das hat der Stadt geschadet. Weil die Italiener die strategische Bedeutung der Stadt ähnlich wie Napoleon sahen und sie zum wichtigsten Marinehafen des Landes machten, wurden große Teile La Spezias im Ersten und Zweiten Weltkrieg zerstört.

Nach dem Wiederaufbau entstand eine moderne Stadt mit breiten Alleen und Straßen, fast wie auf einem Schachbrett angeordnet. Heute ist die Stadt ein wichtiges Handels- und Industriezentrum mit einem großen Containerhafen. Und, als wichtiger Außenposten des Vatikans, Bischofssitz – was gottgewollt sein muss, denn die Zerstörungen, die den historischen Kern verwüsteten, verschonten das geistliche Zentrum, die Kirche *Santa Maria Assunta.* Neben den Museumsbesuchen lohnt der Bummel durch das lebhafte Innenstadtviertel ✪ *Prione.*

Ein Augenschmaus: Im Yachthafen *Porto Lotti* überwintern einige der edlen Yachten des italienischen Geldadels.

BESICHTIGUNGEN

Arsenal
Neben dem Stadtpark befindet sich der Eingang zum bedeutendsten Marinegelände Italiens. Auf 90 ha Fläche ist für die Seeleute der Kriegsmarine ein eigener Stadtteil entstanden. Es besteht die Möglichkeit, das auf dem Gelände befindliche *Museo Tecnico Navale* zu besuchen. *Di, Mi, Do und Sa 9–12 und 14–17 Uhr, So 8.30–13, Mo und Fr 14–18 Uhr, Viale Amendola*

Santa Maria Assunta
Die ehemalige Kathedrale wurde ab 1271 errichtet und im 15. Jh. mehrfach umgebaut. 1954 erhielt sie eine moderne Fassade aus Streifenquadern. Aus dem Spätmittelalter sind noch Teile des Turms und des Chores erhalten. Besondere Beachtung verdienen zwei Gemälde im rechten Außenschiff: Luca Cambiasos »Martyrium des Filippo Bartolomeo« und Aurelio Lomis »Der heilige Diego heilt einen Blinden«. Im linken Seitenschiff steht Andrea della Robbias Terrakottagruppe »Marienkrönung«. *Piazza Beverini*

MUSEEN

Museo Amedeo Lia
1997 eröffnet, zeigt dieses Museum die überreiche Kunstsammlung des Industriellen und Mäzens Amedeo Lia mit Werken von Pietro Lorenzetti, Bernardo Daddi, Tizian, Tiepolo und

vielen anderen. *Di–So 10–18 Uhr, Via Prione 234*

Museo Civico Archeologico

★ Seit neuestem ist die Sammlung prähistorischer Funde aus der Umgebung La Spezias und der alten römischen Hafenstadt Luni im Castello San Giorgio untergebracht; dazu gehören auch die berühmten geheimnisvollen Steinfiguren, die *stele,* aus der Lunigiana, dem Grenzgebiet zur Toskana. Vom Vorplatz der 1271 von der Familie Fieschi erbauten Burg genießt man einen Rundblick über den von drei Seiten geschützten Golf von La Spezia. Das Kastell ist über eine Treppe von der Via XX Settembre aus zu erreichen. *Mi–Mo 9.30–12.30 und 14 bis 17 Uhr*

Museo Etnografico Formentini

Neben der Stadtgeschichte lohnt hier vor allem die anschauliche Darstellung des Lebens der Bauern und Fischer, wie es vor gar nicht langer Zeit noch gewesen ist. *Di–So 8.30–13 Uhr, Via Curtatone 9*

RESTAURANTS

Es gibt eine Reihe sympathischer ★ Trattorien in und um La Spezia. Fragen Sie nach Spezialitäten wie den *muscoli ripieni,* den gefüllten Miesmuscheln, nach der Erbsen-Bohnen-Suppe *mescciua* oder nach den Kichererbsenfladen *farinata.*

Antica Osteria da Caran

Im Sommer sitzt man lauschig im Garten. *Di geschl., Ortsteil La Chiappa, Via Genova 1, Tel. 01 87 70 37 77,* €

Nettare e Ambrosia

Kleines Lokal im Zentrum mit frischer, schmackhafter Küche. *So geschl., Via B. Fazio 85, Tel. 01 87 73 72 52,* €

Pomodoro

Eine lebhafte Trattoria mit typisch ligurischen Snacks wie frittiertem Stockfisch. *So geschl., Piazza Saint Bon 5,* €

Sevieri

Unter den Einheimischen beliebte Trattoria nahe dem Marktplatz, sorgfältige Küche, gepflegtes Ambiente. *So-Abend und Mo geschl., Via Fratelli Rosselli 58, Tel. 01 87 73 35 70,* €

EINKAUFEN

Rund um die Kirche Santa Maria Assunta befindet sich das bürgerliche Zentrum von La Spezia mit vielen Geschäften. Markttreiben herrscht Mo–Sa vormittags an der *Piazza Cavour* bzw. *Piazza del Mercato,* am ersten So des Monats Trödel- und Antiquitätenmarkt.

ÜBERNACHTUNG

Genova

Ein gepflegtes Hotel, komfortabel und zentral in der Innenstadt von La Spezia gelegen. *35 Zi., Via Fratelli Rosselli 84, Tel. 01 87 73 29 72, Fax 01 87 73 17 66,* €–€€

Jolly del Golfo

Das beste Hotel der Stadt – fragen Sie nach den ermäßigten Wochenendtarifen! *110 Zi., Via XX Settembre 2, Tel. 01 87 73 95 55, Fax 018 72 21 29,* €€€

AUSKUNFT

Viale Mazzini 45, Tel. 01 87 77 09 00, Fax 01 87 77 09 08

ZIELE IN DER UMGEBUNG

Brugnato **(117/D 2)**
Das Dorf im Landesinnern im Varatal unweit der Autobahn kann ähnlich wie Varese Ligure mit einem kreisrunden, pittoresken Ortskern aufwarten.

Lerici **(117/F 5)**
Das lebendige Ferienstädtchen (12 000 Ew.) – teuer, hübsch, gepflegt und sehr beliebt – liegt etwa 10 km von La Spezia entfernt an der Ostflanke des Golfs von La Spezia an dem Küstenabschnitt, der wegen seiner Schönheit, seinen idyllischen kleinen, sandigen Buchten und seiner üppigen Vegetation im 19. Jh. zu einem Mekka der Dichter und Künstler wurde: In einer dieser Buchten, im 2 km entfernten San Terenzo, lebte 1822 der englische Dichter Lord Byron mit seinem Kollegen Percy Shelley, der dort im Meer ertrank. Der Dichterkollege John Keats kam auch dazu, später dann Schriftsteller wie D. H. Lawrence, in jüngeren Tagen Eugenio Montale und Pier Paolo Pasolini, und sie alle dichteten vom Zauber dieser Küste inspirierte Verse. Auch der deutsche Maler Arnold Böcklin verbrachte Ende des 19. Jhs. einige Zeit hier. Wen wundert es da, dass man den Golf von La Spezia auch den Golfo dei Poeti nennt, den Golf der Dichter.

Die hübsche *Villa Magni* in *San Terenzo,* in der sich P. B. Shelley mit seiner Frau Mary Shelley, der Autorin des Frankenstein-Romans, eingemietet hatte, steht noch und ist als Dichtermuseum konzipiert. Zu den Sehenswürdigkeiten von Lerici zählt außerdem das hochinteressante ✝ *Museo Geopaleontologico* im Kastell von Lerici *(Di–Sa 9–13 und 15 bis 19, So 9–18 Uhr).* Es zeigt Spuren aus der Urzeit am Golf, mit Di-

Das hübsche Lerici wurde schon im 19. Jh. zum Treff der Dichter und Maler

nosauriernachbildungen und Erdbebensimulationen. Sehenswert ist auch die gotische Burgkapelle *Sant'Anastasio.*

Ein Traumhotel mit ebensolchem Blick auf den Golf ist das *Doria Park Hotel (46 Zi., Via Doria 2, Tel. 01 87 96 71 24, Fax 01 87 96 64 59, doriahotel@tamnet.it, €€–€€€).* Sehr gute Fischgerichte genießen Sie hochromantisch bei Kerzenlicht auf der Terrasse des *Acquamarina (Do-Mittag und Mi geschl., Via Biaggini 34, Tel. 01 87 96 66 85, €€)* über dem Golf. Gute Lokalküche gibt es in San Terenzo in der *Osteria La Palmira (Mi geschl., Via Trogu 13, Tel. 01 87 97 10 94, €–€€).*

Hier in San Terenzo kann man in der wunderschönen Parkanlage *Villa Marigola* lustwandeln, die einen typischen italienischen Garten vorzuweisen hat (Eintritt). Kultivierte Idyllen, die die Ostküste des Golfs der Dichter malerisch beenden, bevor er zur rauen, unbewohnbaren Steilküste wird, sind die herrlich zwischen schwarzen Klippen und feinsandigen Stränden gelegenen Orte Tellaro und Fiascherino. Hier im exklusiven Strandbad *Eco del Mare* (Strandservice 40 Euro pro Tag!) geht auch Rockstar Zucchero baden.

Im Rücken von Tellaro geht es hinauf auf das Kalksteinmassiv des *Naturparks Montemarcello,* der sich zwischen dem Golf von La Spezia und der Flussmündung des Magra ins Meer vorschiebt. In dieser wild bewegten Berglandschaft voller Wälder finden sich zahlreiche markierte Wanderwege, die eine erfrischende Alternative zu den im Hochsommer heißen, überfüllten Stränden darstellen.

Luni (O)

Fast schon in der Toskana liegen die Reste dieser alten, einst blühenden römischen Hafenstadt; durch die Versandung an der Mündung der Magra befinden sie sich heute 3–4 km vom Meer entfernt. Großartig sind die Ruinen nicht gerade, aber man kann noch Teile des alten Amphitheaters zwischen den Feldern erkennen. Außerdem lohnt der Besuch des *Museo Nazionale (Di–So 8.30–18.30 Uhr).* Prunkstück ist der Kristallkelch *millefiori,* der aus einer altrömischen Villa stammen soll.

Die römischen Funde im Museum dürfen nicht verdecken, dass die Gegend um Luni, die Lunigiana, eine noch ältere Geschichte hat. Zeugnisse einer frühen Kultur, die so genannten Lunigiana-Stelen, findet man im Museum von La Spezia sowie im 45 km im Landesinneren gelegenen *Pontremoli.* Dort gibt es im Castello del Piagnaro das *Museo Archeologico della Lunigiana (Di–So 9–12 und 14–17 Uhr, im Sommer 15–18 Uhr).*

Bis heute ist die Bedeutung der Stelen nicht geklärt. Sicher ist sich die Wissenschaft lediglich, dass die Stelen rund 5000 Jahre alt sein müssen. Auch müssen die Urmenschen, die damals an den Steinen arbeiteten, unterschiedlich kunstfertig gewesen sein. Manchmal sind richtige Gesichter mit Nase, Ohren und Augen zu erkennen, die durch einen ebenfalls herausgearbeiteten Hals mit dem grob behauenen Restkörper verbunden sind. Andere wiederum sind eher plumpe Figuren, die nur entfernt an einen Menschen erinnern.

Magratal **(117/F 3–5)**
Mäandernd strebt die Magra durch ihre flache Mündungsebene gen Meer, landeinwärts zieht sich das Tal weit hinauf in den Apennin. Ein malerisches Ausflugsziel ist das alte, intakte Dorf *Ameglia* über der Mündung. In *Castelnuovo Magra,* in dessen Pfarrkirche *Santa Maria Maddalena* ein Bild von Pieter Brueghel hängt, findet man im Weinkeller *Enoteca Pubblica (Via Veneto 2)* alle ligurischen Weine.

Parco Nazionale delle Cinque Terre **(116/A 2–117/E 5)**
Die gesamte Küste mit ihren bergigen Reliefs und halbinselartigen Landspitzen von La Spezia bis nach Sestri Levante steht unter strengem Naturschutz, ebenso der vorgelagerte Meeresgrund, in dem sogar noch Korallen vorkommen. Seit dem Jahr 2000 ist das gesamte Gebiet sogar zum Nationalpark erklärt worden, was die Schutzauflagen noch strenger macht. Gut markierte Wanderrouten ziehen sich durch die Steineichenwälder: so die Strecke, die die fünf Cinque-Terre-Dörfer verbindet (siehe Kapitel »Routen«) oder die phantastische Panoramatour über den Kamm von Levanto nach Portovenere. Oberhalb von Bonassola, einem kleinen, beschaulichen Badeort an einer zwischen Berghängen gefassten Bucht, sieht man, wie wichtig der Naturschutz ist: Da haben die Sommerbrände der letzten Jahre regelrecht Kahlschlag hinterlassen.

Portovenere **(117/E 5)**
Der Name stammt aus der Römerzeit: Portus Veneris, der Hafen der Venus – und der Hafen der Verliebten ist er heute wieder. Sie kommen, um den Sonnenuntergang zu sehen. Auch die Touristen kommen. Denn längst sind die oft siebenstöckigen Häuser herausgeputzt worden, als wollte man dem Nachbaridyll Cinque Terre mit aller Macht Konkurrenz machen. Vom Vorplatz der gotischen Kirche *San Pietro,* wieder im typisch ligurischen Streifenstil, hat man einen phantastischen Blick auf die Cinque Terre.

Portovenere: romantisches Städtchen für Jung- und Altverliebte

Reizvoll zwischen altem Gemäuer ist ein schlichtes Hotel mit familiärer Atmosphäre untergebracht *(Locanda Genio, 7 Zi., Piazza Bastreri 8, Tel./Fax 01 87 79 06 11, €)*. Ein besonders komfortables, modernes Ferienhotel mit eigenem Strand ist das *Royal Sporting (61 Zi., Via dell'Olivo 345, Tel. 01 87 79 03 26, Fax 01 87 77 77 07, www.royalsporting.com, €€–€€€)*.

Mit ein paar Schritten hat man den Hafen erreicht. Von dort aus kann man zu den vorgelagerten Inseln *Palmaria* und der noch kleineren *Isola del Tino* übersetzen *(Infos im IAT, Piazza Bastreri 1, Tel. 01 87 79 06 91)*. Beide lange Zeit militärisches Sperrgebiet, sind sie heute zwei exklusive Naturparadiese. Den Inbegriff der Romantik bietet ein kleines Gasthaus auf Palmaria mit sorgfältiger Küche *(Mi geschl.)*, eigenem Bootsservice und acht einfachen Zimmern: *Locanda Lorena (Tel./Fax 01 87 79 23 70, €€)*.

Sarzana (117/F 4)

Mutmaßlich hat die 17 km östlich von La Spezia gelegene Stadt ihren Namen daher, dass sich Ligurer, die wieder einmal vor einem Sarazenenüberfall von der Meeresküste ins Landesinnere geflüchtet waren, hier erst einmal häuslich niederließen. Altes Gemäuer gibt es genug zu sehen, etwa die stattliche romanisch-gotische *Kathedrale* oder ein mittelalterliches *Turmhaus (Via Mazzini 28)*. Es gehörte einer Familie Bonaparte, die 1529 nach Korsika auswanderte. Mitten in der Altstadt isst man besonders gut im *La Giara (Mi-Mittag und Di geschl., Via Bertoloni 35, Tel. 01 87 62 40 13, €)*.

SANTA MARGHERITA LIGURE

(114/B 4) Der erste Blick fällt auf die palmengesäumte Uferpromenade, auf die schönen, feinen Hotels und auf den Mastenwald der Segelboote. Santa Margherita Ligure ist nämlich neben dem benachbarten, sehr viel kleineren Portofino der begehrteste Yachthafen an der Levante.

Ein internationales Völkchen mischt sich abends in den Gassen, den Schiffszubehörläden, die es reichlich gibt, den Trattorien und Cafés. Man spricht Englisch, Französisch, Spanisch, Deutsch. Alles ist ein wenig gemischt: Da gibt es die sportlichen Segler, die nach Tagen auf dem Meer mal wieder eine ordentliche Mahlzeit zu sich nehmen wollen. Und da gibt es die vielen Scheinsegler, die schon sauer werden, wenn ein Knick in die Bügelfalte ihrer blütenweißen Seglerhose kommt. Sehen und gesehen werden, das ist ihre Freizeitdevise. Sie sind es, die Santa Margherita nicht eben zu einem billigen Pflaster machen. Alles ist ein bisschen teurer als anderswo – besonders das Essen und Trinken. Aber auch manches Strandbad, besonders wenn es so schön liegt wie in der zauberhaften Bucht von *Paraggi*, an der man auf dem Weg über die atemberaubende Küstenstraße von Santa Margherita Ligure nach Portofino vorbeikommt. Im Sommer weiß man allerdings nicht, wo man das Auto auf der engen Straße lassen soll; Busse fahren die Strecke nach Portofino mehrmals täglich ab. Einen Gratiszugang zur Bucht findet man unter den Pinien auf der rechten Seite.

Aber keine Sorge, Santa Margherita ist trotz allem auch für den »normalen« Urlauber das richtige Ziel, neben den luxuriösen Villenhotels gibt es jede Menge netter Ferienhotels und Pensionen mit von weißem Schnörkelgitter gesäumten Sonnenterrassen. Und nicht nur die feinen Sportsegler legen hier an, sondern immer noch laufen auch Fischerboote ein und beliefern den Fischmarkt, der montags bis freitags um 17 Uhr am Hafen seine Stände öffnet. Zum Nachmittagscappuccino setzt man sich in das wunderschöne alte Kaffeehaus *Bima* am Largo Giusti. Und in keinem anderen Ort der Umgebung ist am Abend für junge Leute so viel los wie hier in Santa Margherita Ligure: Auf der zentralen 🚶 *Piazza Martiri della Libertà* und in ihren anliegenden Lokalen trifft sich die gesamte schicke Jugend der Küste.

BESICHTIGUNGEN

Kapuzinerkirche

Sie befindet sich am Fuße des Hügels, auf dem Santa Margheritas berühmtestes Haus, die Villa Durazzo, steht. Im Inneren der Kirche ist für Kunstliebhaber die Skulptur einer sitzenden Madonna bemerkenswert, die vermutlich im 12. Jh. ein Bildhauer aus der Provence schuf.

Parco Flauto Magico

Der berühmte Genueser Bühnenbildner und Illustrator Emanuele Luzzati hat die Parkanlage 🚶 *Parco Carmagnola,* inspiriert durch Mozarts Zauberflöte, in einen Traumgarten für Kinder (und Erwachsene) umgestaltet: Zwischen Palmen, Eukalyptus und unter Schirmpinien beleben ihn phantasievolle poetische Konstruktionen, die zugleich Kletter- und Spielgeräte sind. Nur schade, dass Schilder mit übermäßig vielen Sicherheitsvorgaben den Kindern den Spaß ein wenig verderben. *Corso Rainusso*

Santa Margherita di Antiochia

Die Pfarrkirche am Hauptplatz hinter der Hafenfassade wurde erst 1770 gebaut und 1876 mit einer Barockfassade versehen. *Piazza Caprera*

Villa Durazzo

Besonders schöner Familiensitz aus dem späten 16. Jh., gelegen in einem sehenswerten Park. Heute ist dort ein dem Schriftsteller Vittorio Rossi gewidmetes *Museum (zzt. geschl.)* untergebracht. *Via San Francesco d'Assisi 3*

RESTAURANTS

Cesarina

In sanftem Rosa und ohne Schnörkel ist der Gastraum ge-

Ob Cappuccino oder Cocktail – in Santa Margherita kostet alles ein bisschen mehr als anderswo

halten. Nichts soll den Gast von dem klassisch ligurischen Essen ablenken, dessen Hauptbestandteile Fisch, Kräuter und Olivenöl sind. *Di geschl., Via Mameli 2 c, Tel. 01 85 28 60 59, €€–€€€*

Da Pezzi
Hier mitten im Zentrum gibt es eine Rarität: schmackhafte ligurische Hausmannskost zu sehr günstigem Preis. *Sa geschl., Via Cavour 21, Tel. 01 85 28 53 03, €*

Trattoria dei Pescatori
Der Name ist Programm: Hier gibt es meisterhaft zubereiteten Fisch. *Mi/Do geschl., Via T. Bottaro 43, Tel. 01 85 28 67 47, €€–€€€*

ÜBERNACHTUNG

Azienda Agrituristica Gnocchi
Wie wärs mit Ferien auf dem Bauernhof am mondänsten Flecken der Riviera? Herrlich in üppiger Vegetation oberhalb von Santa Margherita Ligure gelegen, bei nur 30 Minuten Fußmarsch zum Strand. Acht Zimmer und gutes Essen. *San Lorenzo della Costa, Via Romana 53, Tel./Fax 01 85 28 34 31, €*

Imperiale Palace Hotel
In dem Hotel über der Bucht von Santa Margherita wurden 1922 die Verträge von Rapallo zwischen Deutschland, Italien und anderen Staaten geschlossen. Heute genügt es luxuriösesten Ansprüchen. *95 Zi., Via Pagana 19, Tel. 01 85 28 89 91, Fax 01 85 28 42 23, www.hotelimperiale.com, €€€*

Minerva
Ehemalige Privatvilla. *33 Zi., Via Maragliano 34, Tel. 01 85 28 60 73, Fax 01 85 28 16 97, €€*

AM ABEND

Le Carillon
Tagsüber Strandbad am feinen Strand Paraggi, abends Restaurant und Nachtlokal mit Disko; ein schicker, exklusiver Dauerbrenner.

Covo di Nord Est
Phantastisch gelegen, exponiert auf den Klippen zwischen Santa Margherita und Portofino, Diskothek, Livekonzerte und immer viel los. Allabendlich pflastern die Autos die Küstenstraße zu, viele kommen zu Fuß.

Gelateria Centrale
Bis tief in die Nacht hinein gibt es hier köstliches Eis, vor allem *pinguina,* kaltes Vanilleeis im Waffelhörnchen, in heiße Schokolade getaucht. *Largo Giusti*

Sabot
Unter den Cafés und Bars am *lungomare* und Hafen der Treff zur Happy Hour, zum Aperitif, zum Cocktail, wo es sich bis spät am dichtesten drängt. *Piazza Martiri della Libertà 32*

AUSKUNFT

Via XXV Aprile 2 b, Tel. 01 85 28 74 85, Fax 01 85 28 30 34

ZIELE IN DER UMGEBUNG

Portofino **(114/B 5)**
★ 5 km hinter Santa Margherita Ligure an der Spitze der Halbinsel liegt der von Weltstar Rex Harrison besungene Traumhafen (»I Lost my Heart in Portofino«). Er schmiegt sich in die natürliche, tief eingeschnittene Bucht im Schutz der bewaldeten

Hollywood in Ligurien

Die winzige Fischerbucht von Portofino war in den Fünfziger- und Sechzigerjahren das Flaniertrottoir der Glamourgrößen Hollywoods: Alle kamen sie, von Ava Gardner bis Humphrey Bogart und Laureen Bacall, Lilli Palmer kam mit Rex Harrison, Rita Hayworth mit dem Aga Khan, Liz Taylor und Richard Burton waren natürlich mit von der Partie, und selbst die verschwiegen lebende Diva Greta Garbo ging hier vor Anker.

Ausläufer der Halbinsel von Portofino. Die farbigen, schmalen Häuser, einst die Behausungen der Fischer, heute viele davon feine Apartments, ziehen sich dekorativ am Saum der Bergflanken entlang, die die Bucht einfassen. Idyllischer geht es nicht, eine Anmut, die man abschlendert und beguckt.

Weil der Autoverkehr völlig verboten ist, kann der reizvolle Ort (600 Ew.) seinen Zauber bewahren. Die Autos verschwinden für teure Gebühr im Parkhaus am Ortseingang. Von Santa Margherita gelangt man mit dem regelmäßig verkehrenden, preiswerten Autobus in den Ort, oder man nimmt das Fährboot.

Der Name Portofino geht auf die Römer zurück, die hier schon mit ihren Booten anlegten und die Bucht *Portus Delphini,* Delphinhafen, nannten. Wer heute den Hafen besucht, kann dagegen moderne Yachten in allen Größen und Klassen bestaunen. Segler aus aller Welt bevölkern die Uferpromenaden der malerischen Bucht in der Hochsaison. Portofino ist mondän – und das heißt extrem kostspielig. Sehenswert ist das ✵ Luxushotel *Splendido,* eines der schönsten Hotels der Welt, mit seinem Pool, seinem Park und dem weiten Blick über die Bucht *(77 Zi., Tel. 01 85 26 95 51, Fax 01 85 26 96 14, www.orient-express.com, €€€).* Auch das *Splendido Mare (16 Zi., Tel. 01 85 26 78 02, Fax 01 85 26 78 07, €€€)* unten im Herzen Portofinos gehört dazu.

Zum Besuch Portofinos gehört ein ✵ Spaziergang hinauf auf den Bergrücken mit der Kirche San Giorgio und dem gleichnamigen Kastell. Der Weg garantiert herrliche Blicke aufs Meer und auf die Miniaturhafenbucht von Portofino. Wer weiter möchte, läuft bis zum Leuchtturm an der Landspitze Punta di Portofino.

Die mit einer nahezu tropisch-mediterranen Vegetation bedeckte Halbinsel von Portofino ist zusammen mit ihrem Meeresgrund unter strengen Naturschutz gestellt worden; so darf man zum Beispiel nicht mehr in der wunderschönen Bucht *Cala d'Oro* zum Baden vor Anker gehen. Dafür lädt die Halbinsel zu ✵ Wandertouren mit herrlichen Ausblicken ein, etwa über den Kamm nach San Fruttuoso (Markierung: zwei rote Punkte, 1 Std. 30 Min.). Manche Spitzenklöpplerin bietet längs des Weges ihre Ware an. Informationen und Wanderkarten bekommen Sie in der *Touristeninformation* von Portofino *(Via Roma 35, Tel. 01 85 26 90 24).*

Im Hafen des exklusiven Portofino geht der zahlungskräftige Jetset vor Anker

Die Einrichtung des Naturschutzparks läuft allerdings nicht ohne Probleme ab, es kommt immer wieder zu heftigen, auch tätlichen Zusammenstößen zwischen der Parkverwaltung und Teilen der Bevölkerung, die fast gänzlich vom exklusiven Tourismus hier lebt. Durch die rigiden Schutzmaßnahmen – totales Bauverbot, Verbot des Ankerns, Badens, Tauchens an manchen Küstenabschnitten, Jagd- und Fischverbot – fühlt sich die Bevölkerung zu Museumsobjekten degradiert und in ihrer wirtschaftlichen Existenz bedroht. Denn die Schutzmaßnahmen bedeuten ja auch, dass die zahlungskräftigen Yachtbesitzer vergrault werden. Erbitterte Kämpfe um jeden Zentimeter dieses Paradieses spielen sich hinter den Kulissen ab, derweil es der Tourist beim Wandern aus vollem Herzen genießen kann.

Rapallo **(114/B 4)**

Dort wo die Halbinsel von Portofino ans Festland anschließt, liegt am Golfo del Tigullio Rapallo, das längst den Reiz des Mondänen verloren hat. Zu lärmend ist der Ort während der Saison. Das, was man in Portofino vermeiden möchte (und was aus Platzmangel auch nicht möglich ist), hat sich in Rapallo in der Vergangenheit abgespielt: die Aufblähung, Verstädterung, Zersiedelung eines in der Belle Époque wunderschönen Seebads. Das hat sogar zu einem Schimpfwort geführt, der *rapallizzazione.* In zahlreichen Apartmenthäusern und Pensionen überwintern hier Pensionäre und Rentner. Ein schöner Stadtpark und gepflegte Uferpromenaden laden zum Flanieren ein. In den Geschichtsbüchern taucht der Name Rapallo auf als der Ort, an dem man sich in den Zwanzigerjahren zu ersten Friedens- und Reparationsverhandlungen zwischen Deutschland und Russland nach dem Ersten Weltkrieg traf.

Immerhin: Am Ortsrand Richtung Süden gibt es einen idyllischen *18-Loch-Golfplatz (Ortsteil Sant'Anna, Tel. 01 85 26 17 77),* auf dem sich zudem die Ruine einer Zisterzienserabtei aus dem 12./13. Jh. versteckt. Einstiger Zeitvertreib der Fischersfrauen von Portofino und Rapallo war das Spitzenklöppeln, nunmehr im sehenswerten *Museo del Merletto (Di, Mi, Fr, Sa 15–18, Do 10–11.30 Uhr)* zu bewundern, in der Villa Tigullio im Stadtpark Parco Casale. Ein origineller Speisetipp oberhalb von Rapallo (3 km): *U Giancu (Mi und außer Sa/So mittags geschl., Via San Massimo 78, Tel. 01 85 26 05 05, €€)*, voller Comics, mit bunter Terrasse und gutem Essen. Zu den Sehenswürdigkeiten zählt die Wallfahrtskirche *Santuario della Madonna di Montallegro* (11 km nördlich), die auch mit der Seilbahn zu erreichen ist, mit einer anrührenden Exvotosammlung.

San Fruttuoso **(114/A 4–5)**
Von Rapallo, Santa Margherita Ligure, Camogli und Portofino aus kann man diese im 11. Jh. erbaute Abtei per Schiff oder zu Fuß erreichen. Wer gut zu Fuß ist, sollte das unbedingt machen, die Pfade durch immergrüne Macchia hoch überm Meer gehören zum Schönsten, was man hier erleben kann. Das Kloster, im Sommer stimmungsvoller Schauplatz von Konzerten, liegt malerisch in einer Felsenbucht an der Spitze der Halbinsel von Portofino. Der Komplex wurde um die erste Jahrtausendwende von Benediktinern gegründet, entsprechend gehen viele Stilelemente der Klosterkirche auf die frühe Romanik zurück. Ein Kreuzgang gehört dazu sowie die Krypta, in der mehrere Mitglieder der Doria-Familie, der man in Ligurien immer wieder begegnet, begraben liegen. Die Klosteranlage gehört heute dem FAI, einer Art National-Trust-Organisation, die mit Hilfe von Spendengeldern bedrohte Bauwerke aufkauft und restauriert, mit der Auflage, sie dem Publikum zugänglich zu machen. Das kommt in den Sommermonaten sehr zahlreich, die kleine Bucht ist dann übervoll, und in den paar (teuren) Trattorien drängelt es sich – versuchen Sie auch hier, nicht gerade am Wochenende oder in der Hochsaison herzukommen. Auf dem Meeresgrund vor der Bucht steht eine Christusstatue, der am letzten Julisonntag die Taucher ihre Ehre erweisen.

Der schöne Schleichweg

Eine schöne Route führt als Höhenweg durch die ligurischen Berge. Ihr Name: *Alta Via dei Monti Liguri*. Sie reicht von Ventimiglia im Westen an der französischen Grenze bis nach Ceparana, ein paar Kilometer nördlich von La Spezia. Die Länge der Route, die dem Gebirgskamm der ligurischen Alpen folgt, beträgt 440 km. Man kann die »Hohe Straße« erwandern. Das Informationszentrum des ligurischen Handelstages hat – auch in Deutsch – einen informativen Wanderführer mit 44 Tagesabschnitten von 5 bis 17 km Länge herausgegeben, der bei den Fremdenverkehrsämtern erhältlich ist.

Fünf Klippendörfer, die verzaubern

Wer zum Erhalt dieses bedrohten Paradieses beitragen will, übernimmt die Patenschaft für einen Weinberg

An Stoßtagen sind es über Zehntausende, die sich durch die engen Gässchen schieben, und auf den Wanderwegen, die die Dörfer miteinander verbinden, kommt es zu regelrechten Fußgängerstaus. Die Höhepunkte des Massenansturms werden um Ostern und in der Zeit der Sommerferien erreicht. Dann strömen die Tagesausflügler aus ihren Badeorten herbei, um wenigstens einmal dieses Stück Küste gesehen zu haben – es scheint, als gehöre das zum Rivieraurlaub unabdingbar dazu. Und auf dem Programm des Italientrips von Amerikanern und Japanern stehen die Cinque Terre genauso wie Venedig und Rom. Für viele zählt der Küstenabschnitt der Cinque Terre, der »Fünf-Länder-Küste«, zum Schönsten, was nicht nur Ligurien, sondern ganz Italien zu bieten hat. Hier kommt allerhand zusammen, was die Herzen höher schlagen lässt: die unmittelbare Nähe zum wilden Naturelement Meer, das gegen die steilen Felsen schlägt, und zugleich die zähe Geduld des Menschen, der hier eine wunderschöne bäuerliche Kulturlandschaft geschaffen hat. Immer noch wird einem in den fünf Dörfern auf den Felsen beschaulich zumute – wenn die Massen der Tagesausflügler in der Saison wieder abgezogen sind –, und auf den Klippen, durch die Terrassenhänge und über die mächtigen Berghöhen der Küste ziehen sich herrliche Wanderwege.

Am besten zu Fuß oder mit der Bahn zu erobern: die Cinque Terre, im Vordergrund Vernazza

Tatsächlich ist man zu Fuß am besten dran. Allenfalls führen schmale Stichstraßen an die Dörfer heran, die man aber ganz den Einheimischen überlassen sollte, und zum Parken findet man sowieso keinen Platz. Keine Straße verbindet die Dörfer, wohl aber Wanderwege. Und mit der Bahn, die sich durch die Berge bohrt, erreicht man jedes der fünf Dörfer (zusammen ca. 5000 Ew.).

Beim Anblick der schroff ins Meer fallenden Felswände, vom Boot oder vom Klippenweg aus, fragt man sich verwundert, warum Menschen ausgerechnet hier ihre Dörfer gegründet haben. Schon zur Römerzeit siedelten sie auf den Klippen, denn immerhin bot die Unzugänglichkeit auch Schutz. Und im Lauf der Jahrhunderte entstand unter schwierigsten Bedingungen diese einzigartige Terrassenlandschaft: Insgesamt sollen es rund 8000 km Steinmäuerchen sein, die sich über eine Steilküste verteilen, die selbst nur 10 km lang ist. Diese *muretti,* aus Steinen *a secco,* also ohne Mörtel, geschichtet, stützen auf den steilen Hängen Erdterrasse um Erdterrasse ab, für Rebstöcke, Getreide, Gemüse und Olivenbäumchen. Dieses Raster der Terrassenzeilen, das dem Auf und Ab der Steilhänge folgt – ein einmaliges landschaftliches Kunstwerk –, ist jüngst ins Kulturerbe der Unesco aufgenommen worden.

Doch wie alles, für das mühselige körperliche – und damit kostspielige – Arbeit erforderlich ist, sind diese Steinmäuerchen heute vom Verfall bedroht. Und damit ein Großteil der Küste, denn wenn sie nicht ständig gepflegt und in Stand gehalten werden, drohen die Mäuerchen mit der Zeit einzubrechen – und in der Folge rutschen irgendwann die Erdmassen der Terrassen haltlos die Hänge hinab. Den Rest geben ihnen dann die heftigen winterlichen Regengüsse, die in den letzten Jahren immer häufiger Ligurien heimsuchen. Durch vertikale Transportanlagen auf Zahnradbahnen und durch langfristige Projekte zur Landschaftserhaltung versucht man den Terrassenanbau ins moderne Leben zu retten. Immerhin wächst hier, neben weißen Tafelweinen, die Rebe für den sonnig-süßen, goldfarbenen Dessertwein Sciacchetrà, einen derart begehrten Nektar, dass Zweifler sich fragen, ob wirklich jede Flasche von diesen Hängen stammt.

Zwischen Himmel und Meer schlängeln sich grandiose Wanderwege durch die Cinque Terre

Eine besonders originelle Initiative der Landschaftserhaltung besteht darin, die Patenschaft für ein Stück Weinberg auf Terrassen mit den dazugehörigen Mäuerchen zu übernehmen, was zur finanziellen Unterstützung ihres Erhalts verpflichtet. In Kursen lehren die in die Jahre gekommenen einheimischen Bauern ihr traditionelles Know-how; sogar Feriencamps, in denen in der Landwirtschaft gearbeitet wird, werden angeboten. Zum noch weiter greifenden Schutz der Landschaft und der Dörfer hat man im Jahr 2000 die zuvor schon unter Naturschutz stehende Küste zum Nationalpark erklärt. Außerdem soll ab Sommer 2001 zur Finanzierung von Schutzmaßnahmen und der Regulierung der Besuchermassen eine Art Kurtaxe erhoben werden, *card* genannt, die an den

MARCO POLO TIPPS FÜR DIE CINQUE TERRE

1 Bootsfahrten längs der Küste
Das terrassierte Küstenrelief sieht man am besten vom Meer aus (Seite 73)

2 Vernazza
Von den fünf Dörfern das fotogenste (Seite 73)

3 Via dell'Amore
Obwohl zementgesichert immer noch ein naturromantischer Flanierweg (Seite 73)

4 Baden in Monterosso
Ein richtiger Sandstrand: eine Seltenheit an der Levante (Seite 75)

Bahnhöfen und Ortseingängen entrichtet werden kann.

Jedes Dorf hat seine eigene Gestalt: Das nordwestlichste, *Monterosso al Mare,* ist das größte mit den meisten Hotels. Es besteht aus zwei Teilen, dem modernen Badeort Fegina und der alten Fischersiedlung Monterosso; davor erstreckt sich über fast 1 km der einzige richtige Sandstrand der Cinque-Terre-Küste.

★ *Vernazza,* in und auf Felsen gedrängt, gilt als das schönste Dorf. Seine Ursprünge reichen, wie die von Corniglia, in die Römerzeit zurück. Die winzige Piazza zeigt auf den klitzekleinen Hafen. Zwischen den farbigen Häusern, die die Felsenkulisse des mächtigen Klippensporns hinaufklettern, führen enge Bogengassen und steile Treppenaufgänge durch das Gewirr.

Ein Weg (3,5 km) durch die mediterrane Vegetation (oder mit der Bahn und über eine steile Treppe) führt hinauf in das kleinste Dorf: *Corniglia,* 90 m hoch auf den Felsen gelegen und mit atemberaubenden Ausblicken. Die farbigen, hohen Häuser von *Riomaggiore* drängen sich zwischen die Felswände einer Bergbachschlucht. Ins 3 km weiter gelegene Dorf *Manarola,* eine Ansammlung pastellbunter Häuser über einem winzigen Hafen in einer Felseinbuchtung, spaziert man auf der ★ *Via dell'Amore,* dem berühmten Pfad voller Liebesbotschaften.

Bis auf Corniglia sind die Ortschaften von April bis Oktober auch mit Fährbooten untereinander verbunden. Noch schöner ist es, die ★ gesamte Küste abzufahren, von Levanto bis Portovenere: Die Perspektive vom Meer aus führt die verwegene Küstenform und ihre terrassierten Anpflanzungen besonders gut vor Augen. **(116/C 3–4, 117/D 4)**

BESICHTIGUNGEN

Madonna di Soviore

Die mittelalterliche Wallfahrtskirche, ca. 3 km oberhalb von Monterosso gelegen, bietet einen herrlichen Weitblick. Am 15. August ist sie Schauplatz eines prächtigen Madonnenfestes.

Rathaus von Riomaggiore

Das *municipio* des Cinque-Terre-Dorfs Riomaggiore ist mit riesigen modernen Wandmalereien (1991–2000) des Künstlers Silvio Benedetti geschmückt, die Szenen des Dorflebens darstellen.

RESTAURANTS

A Cantina de Mananan

In *Corniglia:* Auf der Schiefertafel stehen die frischen Tagesgerichte dieser kleinen, gemütlichen Osteria in einem alten Palazzo. *Di geschl., Via Fieschi 117, Tel. 01 87 82 11 66,* €–€€

Gianni Franzi

In *Vernazza:* ein traditionsreicher, beliebter Treffpunkt mit herrlichem Blick zu kross frittiertem Fisch, kleinen Tintenfischen mit Steinpilzen und Gebäck zum Sciacchetrà. *Mi geschl., Piazza Marconi, Tel. 01 87 81 22 28,* €€

La Lanterna

In *Riomaggiore:* Auch bei den Einheimischen sehr beliebt, es gibt viel frischen Fisch und einen guten weißen Hauswein. *Di geschl., Via San Giacomo 10, Tel. 01 87 92 05 89,* €–€€

Marina Piccola

In *Manarola:* Will man auf der Terrasse mit Blick auf Meer und Hafen sitzen, sollte man unbedingt reservieren. Handfeste Küche, dazu ein kleines Hotel mit zehn netten Zimmern. *Di geschl., Via Lo Scalo 16, Tel. 01 87 92 01 03, Fax 01 87 92 09 66,* €€

Il Pirata

In *Monterosso:* Im modernen Ortsteil Fegina liegt dieses kleine, gute Fischlokal mit Sommerterrasse. *Mi geschl., Via Molinelli 6–8, Tel. 01 87 91 75 36,* €–€€

ÜBERNACHTUNG

Cà d'Andrean

In *Manarola:* 10 Zimmer in einer restaurierten Ölmühle. *Via Discovolo 101, Tel. 01 87 92 00 40, Fax 01 87 92 04 52,* €

Ca' de Cian

16 ehemalige Winzerhäuschen in den Weinbergen bei *Riomaggiore* dienen jetzt als Ferienwohnungen. Sein Gepäck kann man mit der Zahnradbahn hinaufschicken. In den Sommermonaten öffnen die Betreiber das Refektorium eines alten Klosters *(Santuario di Montenero, Mo–Mi geschl.,* €*)* und tischen Köstlichkeiten auf. Nur zu erwandern! *Tel./Fax 01 87 92 09 92, www.cantinacinqueterre.com/cadecian,* €–€€

Hostel 5Terre

Es gibt tatsächlich eine Jugendherberge in den Cinque Terre, im Dorf Manarola, noch dazu eine recht angenehme. Aber frühzeitige Reservierung ist unabdingbar! *48 Plätze in 4- bis 6-Bett-Zimmern, Via Riccobaldi 21, Tel. 01 87 92 02 15, Fax 01 87 92 02 18, ostello@cdh.it,* €

Porto Roca

In *Monterosso:* atemberaubende Lage über dem Meer in einem Zitrusgarten. Einen tollen Blick hat man vor allem aus dem dritten Stock. *42 Zi., Via Corone 1, Tel. 01 87 81 75 02, Fax 01 87 81 76 92, www.portoroca.it,* €€€

Villa Steno

Ein hübsches, gepflegtes Hotel oberhalb von Monterosso. *16 Zi., Via Roma 109, Tel. 01 87 81 70 28, Fax 01 87 81 73 54, www.pasini.com,* €€

STRÄNDE

Abgesehen von Bade- und Sonnenplätzen auf den Klippen und

In Monterosso machen die Küstenberge sogar Platz für einen richtigen Sandstrand

Treppen gibt es sogar ein paar Zugänge, die man Strand nennen kann: allen voran der fast 1 km lange ★ *Sandstrand von Monterosso,* dann der Kiesstrand unterhalb des Bahnhofs von Corniglia, *Lo Spiaggione* genannt, sowie die Badebucht *Guvano,* deren hinter einer Klippe gelegene Hälfte ein beliebter FKK-Strand ist. Sie ist von Corniglia durch einen 1 km langen aufgegebenen Eisenbahntunnel zu erreichen.

AUSKUNFT

Hauptauskunftsstelle ist das *Touristenbüro von La Spezia (Viale Mazzini 45, Tel. 01 87 77 09 00, Fax 01 87 77 09 08).* Von April bis Mitte September öffnen auch in den Cinque-Terre-Dörfern Informationsbüros, z. B. in Monterosso in der *Via del Molo (Tel. 01 87 81 72 04).* Informationen im Internet: *www.cinqueterre.it* und *www.aptcinqueterre.sp.it.* In den Informationsbüros bekommen Sie auch die Listen der Vermieter von Privatzimmern, hier eine sehr verbreitete Unterkunftsform. Angebote zu Ferienwohnungen im Internet finden Sie u. a. auf der Website *www.cultura-online.de.* Auskünfte über Rettungsmaßnahmen wie die Patenschaften für Weinberge sowie Aktivitäten des Nationalparks Cinque Terre erhalten Sie im Rathaus von Riomaggiore: *Ente Parco Nazionale Cinque Terre, Tel. 01 87 92 01 13, Fax 01 87 92 08 66*

ZIEL IN DER UMGEBUNG

Levanto (116/B 3)
Levanto (6200 Ew.) liegt geschützt vor grüner Bergkulisse an einem kleinen Golf mit grauem Kieselstrand. Das sympathische Badestädtchen bezeichnet sich selbst als Tor zu den Cinque Terre. Das kann man erwandern auf einer zweieinhalbstündigen, herrlichen, gut markierten Tour oberhalb der Küste von Levanto nach Monterosso. Ein besonders charmantes Hotel in einem alten Palazzo im Zentrum ist das Hotel *Stella Maris (8 Zi., Via Marconi 4, Tel. 01 87 80 82 58, Fax 01 87 80 73 51, renza@hotelstellamaris.it, €€).* Auskunft: *Piazza Cavour 12, Tel./Fax 01 87 80 81 25*

Sie nennt sich mit Recht die Stolze

Die lebendige Hafenmetropole Liguriens mit verwinkelter Altstadt und prachtvollen Palazzi

Selbst schuld, wer Genua bei seinem Urlaub an der Italienischen Riviera nicht einen ausgedehnten Besuch abstattet! Ihm entgeht eine der reizvollsten Städte Europas, die sich noch dazu in einer Phase lebhaften Aufwindes befindet. Aber nehmen Sie einen der häufigen Züge, bloß nicht das Auto – denn Platz zum Parken gibt es kaum in dieser zwischen Meer und Bergen eingeklemmten Hafenstadt. Im engen Gassenlabyrinth der ★ Altstadt – einem faszinierenden Gemisch aus Bars, Kramläden, alten Palazzi und Einwandererkasbah – und in den feineren Wohngegenden die Hügel hinauf, über Aufzüge, Serpentinenstraßen und Treppenaufgänge zu erreichen, leben 650 000 Menschen. Schauen Sie der Stadt ins mal rosa, mal golden schimmernde Gesicht – vom Meer aus, vom Aussichtskran Bigo im Porto Antico, dem Alten Hafen, oder von der Spitze des historischen Leuchtturms La Lanterna. Oder blicken Sie ihr aufs Haupt – von der mit dem Aufzug zu erreichenden Aussichtshöhe *Castelletto* auf die schiefergrauen Dächer, die bunten Hafencontainer und die weißen Kreuzfahrtschiffe. Zur stolzen, vor allem reichsten Stadt im Europa des 16./17. Jhs. machten sie die einflussreichen Genueser Familien, die Doria, Pallavicini, Spinola und viele mehr, durch Geldverleih, Gold- und Silberhandel, durch Schiffsbau und Flottenbetrieb. Der heutige Besucher steht staunend vor den überraschend vielen prachtvollen Palazzi jener Zeit, nunmehr Banken und Museen mit kostbaren Gemäldesammlungen.

Kolossal ragen die beiden Türme des Soprana-Tors in den blauen Himmel über Genua

Gegen Abend, bevor die Ladenbesitzer um 19.30 Uhr ihre Rollläden runterrasseln lassen und die Einheimischen sich auf den Heimweg begeben, gehört die ★ Einkehr in eine Bar zum Aperitif. Dazu biegen sich die Theken generös unter köstlichen Kleinigkeiten. Vielleicht gerade weil sie keine Nachtschwärmer sind, lieben und zelebrieren die Genueser diesen

Moment des Tages. Und der Besucher macht liebend gern mit.

BESICHTIGUNGEN

☛ Karte in der hinteren Umschlagklappe

Commenda San Giovanni di Prè (U/B 1–2)
Der wunderschöne romanische Kirchen- und Klosterkomplex unweit des Bahnhofs an der lebhaften Altstadtachse Via de Prè, in den typisch Genueser Farben Grau und Weiß und gerade restauriert, ist Johannes dem Täufer geweiht, dessen Asche (heute im Dom) hier einst aufbewahrt wurde.

Loggia dei Mercanti (U/C–D 3)
Genueser Händlergeist: An der lebhaften Altstadtgasse Via San Luca liegt die *Piazza dei Banchi,* ehemals der Platz der Geldwechsler, mit der Arkadenhalle Loggia dei Banchi oder dei Mercanti (16. Jh.), in die im 19. Jh. die erste Warenbörse Italiens einzog. Selbst die ockerrot gestreifte Kirche *San Pietro* (12./17. Jh.) steht auf einem Sockel aus Geschäften, und auch heute finden sich hier täglich Straßenhändler mit Gemüse und Krimskrams ein.

Palazzo Ducale (U/D 3)
Der einstige, sehr imposante Dogenpalast (seit 1339) ist heute das Kulturzentrum Genuas schlechthin und Ort bedeutender Kunstausstellungen. Hinzu kommen Cafés, Restaurants sowie Antiquitäten- und Buchläden. Um diesen grandiosen weißen Palast gruppiert sich das Zentrum Genuas. Auf den Streifzügen durch

MARCO POLO TIPPS FÜR GENUA

1 Centro storico
Das weitläufige Gassenlabyrinth der Altstadt steckt voller Entdeckungen (Seite 77)

2 Aperitifstunde
Zwischen 18 und 19.30 Uhr trifft sich Jung und Alt in den Bars zum Drink mit Knabbereien – ein Muss (Seite 77)

3 Mercato Orientale
Die Genueser Markthalle – allein schon ein Augenschmaus (Seite 83)

4 Cimitero di Staglieno
Die monumentale Totenstadt der reichen Bürger Genuas (Seite 85)

5 Palazzo Reale
In den Hängegärten des Königlichen Palasts spaziert man über kunstvoll gelegtes Pflaster (Seite 82)

6 Via Garibaldi
In den prachtvollen Palazzi der alten Familien wird heute das Geld der neuen Reichen verwaltet (Seite 81)

7 San Lorenzo
In der Schatzkammer des wunderschönen romanischen Doms wird der Heilige Gral gehütet (Seite 80)

8 Lanterna
Seit dem 13. Jh. leuchtet das Licht des Genueser Wahrzeichens (Seite 80)

Prächtig restauriert leuchtet die bemalte Fassade des Palazzo San Giorgio

die Stadt wird man immer wieder an ihm vorbeikommen bzw. seinen schönen, lichten Innenhof durchqueren, dessen Zugänge die Piazza De Ferrari mit der Altstadt und dem Dom San Lorenzo verbinden. Man begann mit dem Bau im 14. Jh., seine prächtige klassizistische Fassade erhielt er im 18. Jh. Über 500 Jahre diente er dem Dogen, dem obersten Regierungsbeamten Genuas, als Amtssitz. Heute beherbergt sein elegantes Gemäuer ambitionierte Kunstausstellungen, Antiquitätenmessen, Restaurants, Cafés, Kulturvereine, Buchläden usw. *Bei Ausstellungen Di–So 9–21 Uhr, Piazza Matteotti*

Palazzo del Principe Doria Pamphili **(U/A 1)**
Die Herrscherresidenz, die sich der von Karl V. zum Fürsten über die Republik Genua erhobene Condottiere Andrea Doria errichten ließ, lag damals, im 16. Jh., in weiten Parkanlagen, die heute dem Bahnhof, Hafen- und Industriegeländen weichen mussten. Sorgfältig restauriert, erfreut der Palazzo mit kostbarer Innenausstattung. *Sa 15–18, So 10–13 Uhr, Via San Benedetto 2*

Palazzo San Giorgio **(U/C 3)**
Das Meer reichte einst bis an die Häuser, und der Palazzo San Giorgio stand auf Pfählen, um keine nassen Füße zu bekommen. Im Mittelalter Sitz des Volksoberhauptes Capitano del Popolo, dann des Zollamtes, zog im 16. Jh. die berühmte Genueser Bank San Giorgio hier ein. In jener Zeit bekam er seine heutige Gestalt und die wunderschöne, kürzlich restaurierte Fassadenbemalung mit dem siegreichen Drachentöter Georg. Heute hat hier die Hafenbehörde ihren Sitz. *Via della Mercanzia 2*

Porto (Hafen)
Genuas Hafen kann man mit dem Boot besichtigen. Rundfahrten starten ca. alle 40 Minuten vom Pier des Aquariums (**U/C 3,** *Cooperativa Battellieri, Tel. 010 26 57 12 oder 03 36 68 87 32)*

im neu gestalteten alten Hafenbecken *Porto Antico* aus. Hier legen auch die Boote für die Whalewatchingausflüge ab. Mit der *Alimar (Tel. 010 25 67 75)* gelangt man im Sommer über den Meeresweg nach Camogli, San Fruttuoso, Portofino und andere Küstenorte. Die *Stazione Marittima* (**U/A 2**) ist ein eindrucksvoller und schöner Säulenbau, in dem alle Kreuz- und Überseefahrer abgefertigt werden. Einen phantastischen Blick hat man von der ★ *Lanterna* (**O**), dem 117 m hohen Leuchtturm aus dem 12./16. Jh. mit einer Leuchtweite von 27 Seemeilen. Über 375 Stufen steigt man auf 80 m hinauf, doch die Mühe wird reichlich belohnt *(für einen Besuch die Associazione Porta Soprana kontaktieren, Tel. 010 246 53 46)*.

Porto Antico **(U/B–C 3)**

Ziel der Neugestaltung des alten Hafens anlässlich der Kolumbusfeiern 1992 war es, ihn als Tummelplatz und Freizeitgelände den Genuesern wieder zugänglich zu machen. So liegt am Pier *Ponte Spinola* heute eines der interessantesten Aquarien Europas. Daneben erhebt sich der *Bigo* aus dem Wasser, eine stilisierte Konstruktion der einstigen Verladekräne, mit Panoramaaufzug *(tgl. 11–13 und 14.30–16 Uhr)*. In den einstigen Hafengebäuden und Lagerhallen finden sich heute Ausstellungen zum Thema Meer und Hafenleben, Cafés, Läden, Kongresszentren, Kinos, ein Festzelt und der mächtige, nachgebaute historische Schoner »Neptune« mit imposanter Galionsfigur.

San Lorenzo **(U/D 3)**

★ In der Lünette über dem Hauptportal sieht man den hl. Laurentius, dem der Dom geweiht ist, auf dem Rost, sein Martyrium: eine von vielen plastisch-

Genuas Hafen wurde zum lebendigen Freizeitgelände umgewandelt

anschaulich in Stein gemeißelten Geschichten an der Domfassade. Weitere Entdeckungen sind römische und byzantinische Reliefreste im Mauerwerk. In romanisch-gotischem Mischstil besticht der schwarzweiß gestreifte Bau außen wie innen. Blickfang im Innern ist die Johannes dem Täufer geweihte Marmorkapelle im linken Seitenschiff. Die englische Granate im rechten Seitenschiff landete 1941 während einer Bombardierung Genuas in der Kirche, explodierte wundersamerweise aber nicht. Unbedingt besuchenswert ist das reizvoll modern gestaltete *Domschatzmuseum (Museo del Tesoro di San Lorenzo, Mo–Sa 9–12 und 15–18 Uhr)*. Es hütet den so genannten Heiligen Gral, eine smaragdgrüne, sechseckige Glasschale, die das Blut des Christus, den Wein des Abendmahls, enthalten haben soll. *Piazza San Lorenzo*

San Matteo **(U/D 3)**
Das romanisch-gotische Kirchlein (im Innern barock, seitlich ein Kreuzgang) liegt an einer beschaulichen Piazza mit imposanten Stadthäusern, alle in den typischen Farben Grau und Weiß. Das ganze Ensemble war einst das Wohnviertel der mächtigen Doria-Familie, der Doge Andrea liegt in der Krypta von San Matteo begraben. *Piazza San Matteo*

Santa Maria di Castello **(U/C 4)**
Im Stadtviertel Castello im Südwesten der Altstadt befand sich einst die Burg, in Höhenlage und mit gutem Weitblick aufs Meer. Davon ist bis auf den Namen Castello nichts mehr geblieben. Der Stadtteil erfreut sich in jüngster Zeit zunehmender Beliebtheit bei den Studenten. Genuabesucher zieht es zum wunderschönen Klosterkomplex der Dominikaner, ursprünglich aus dem 5. Jh., dann romanisch, im 15. Jh. zusätzlich ausgeschmückt, mit einem sehenswerten *Konventmuseum (tgl. 9–12.30 und 15.30 bis 18.30 Uhr). Salita Santa Maria di Castello*

Teatro Carlo Felice **(U/D 3)**
Das im Zweiten Weltkrieg zerstörte Opernhaus ist 1991, 46 Jahre nach seiner Zerstörung, von Stararchitekt Aldo Rossi hinter alten Fassadenresten hochmodern und mächtig neu erbaut worden. *Piazza De Ferrari*

Via Garibaldi **(U/D 2–3)**
★ Jede Hausnummer an dieser kurzen Straße (250 m) mitten im Zentrum steht für einen prachtvollen Renaissancepalazzo der steinreichen Bankiers- und Händlerfamilien des goldenen Zeitalters Genuas, des 16./17. Jhs. Im Innern steigert sich die Pracht noch mit Loggien, Innenhöfen, Treppenhäusern, mit Spiegeln, Stuck, Goldputz, Marmorböden und Wandmalereien. In viele kann man hineinschauen, denn sie sind heute Banken, Handelskammer, Museen mit wertvollen Gemäldesammlungen (Palazzo Rosso, Nr. 18, Palazzo Bianco, Nr. 11), Rathaus (Palazzo Tursi).

MUSEEN

Acquario di Genova **(U/C 3)**
Größtes Meeresaquarium Europas, u. a. mit einem einmaligen Haifischbecken. *Mo–Fr 9.30 bis 19.30, Sa/So 9.30–20.30 Uhr, im*

Hauptattraktion in Genuas Meeresaquarium ist das Haifischbecken

Winter Mo geschl., Porto Antico, Ponte Spinola

Galleria di Palazzo Bianco (U/D 2)
Dass Genuas Prachtpaläste auch von verstaubter Tristesse sein können, zeigt der so genannte Weiße Palast (16./18. Jh.); im luxuriösen Schwulst der zahllosen Säle hängt allerdings eine phantastische Bildersammlung: Meisterwerke der europäischen Malerei (italienisch, flämisch, spanisch) des 15.–17. Jhs. *Di, Do, Fr 9 bis 13, Mi, Sa 9–19, So 10–18 Uhr, Via Garibaldi 11*

Galleria di Palazzo Reale (U/C 2)
★ In diesem monumentalen Palast mit schönen Hängegärten residierten die italienischen Könige während ihrer Genuaaufenthalte. Das erste Geschoss beherbergt neben einer zauberhaften Spiegelgalerie, kostbarem Mobiliar, Porzellan, Wandteppichen vor allem eine wertvolle Gemäldesammlung mit Meisterwerken von Tintoretto, van Dyck, Guercino und vielen anderen. *Mo/Di 8.15–13.45, Mi–So 8.15–18.45 Uhr, Via Balbi 10*

Galleria Nazionale di Palazzo Spinola (U/D 3)
Mitten im engen Gassengewirr der Altstadt erhebt sich der noble Wohnpalast der Familie Spinola, die ihn 1958 dem italienischen Staat schenkte, mitsamt der prachtvoll-wohnlichen Einrichtung und der Gemäldesammlung, das Beste, was bei den Genueser und europäischen Künstlern des 17./18. Jhs. zu bekommen war. Einer der Höhepunkte ist eine ergreifend traurige Christusdarstellung des Antonello da Messina. Von der kleinen *Dachterrasse* aus hat man einen phantastischen Rundblick über die Dächer Genuas. *Di–Sa 8.30–19.30, So 13–20 Uhr, Piazza Pellicceria 1*

Museo dell'Antartide (U/C 3)
Das neueste Museum im alten Hafen: eine Expedition in die Antarktis. *Di–Fr 9–13, Sa/So 10–18 Uhr, Palazzina Millo, Porto Antico*

Museo di Storia Naturale G. Doria (U/F 5)
Das faszinierende naturwissenschaftliche Museum zeigt die

überwältigende Vielfalt der Tierwelt, angefangen beim fast vollständig erhaltenen Skelett eines Elefanten aus der Steinzeit, als es in Italien noch Elefanten gab (1941 in einem Acker bei Viterbo gefunden), bis hin zu Affen, die den Beelzebub darstellen, zu Vampiren und fliegenden Eichhörnchen. *Di, Mi, Do, Sa, So 9 bis 12.30 und 15–17.30, Fr 9–12.30 Uhr, Via Brigata Liguria 9*

RESTAURANTS

Genuas Küche hat seit jeher ein paar Leckereien für den schnellen Imbiss zu bieten: zum Beispiel die *focaccia,* ein flaches, pizzaartiges, mit Zwiebeln, Rosmarin, Gemüse, Oliven gewürztes Brot, das man sich in Bäckereien und Feinkostgeschäften je nach Hunger abschneiden lassen kann. In so genannten *friggitorie* bekommt man *farinata,* einen Fladen aus Kichererbsenmehl, Gemüsetorten, Kutteleintopf, gegrillten Fisch und vieles mehr.

Antica Cantina I Tre Merli **(U/C 3)**
In einer Altstadtgasse nahe der Via Garibaldi eine gepflegte Weinstube mit exzellenten Weinen und gutem Essen bis 1 Uhr nachts. *So-Mittag, Mo und Sa geschl., Vico dietro il Coro della Maddalena, Tel. 01 02 47 40 95, €–€€*

Le Cantine Squarciafico **(U/C 3)**
Kellerlokal in der Altstadt. Mediterranes Ambiente, leichte Küche, gute Stimmung. *Kein Ruhetag, Piazza Ivrea 3 r, Tel. 01 02 47 08 23, €–€€*

Edilio **(O)**
Beste natürliche Zutaten, kreativ verarbeitet – eines der besten Speiselokale Liguriens. Nähe Stadion. *So-Abend und Mo geschl., Corso A. De Stefanis 104 r, Tel. 010 88 05 01, €€€*

Friggitoria Carega **(U/C 3)**
Ein klassischer Imbiss unter den Arkaden zum Porto Antico hin. *Mo–Sa bis 20 Uhr durchgehend geöffnet, Via Sottoripa 113 r, €*

Pintori **(U/D 4)**
Eine Trattoria in einem alten Palazzo in der Altstadt mit guter, sardisch angehauchter Fischküche. *So/Mo geschl., Via San Bernardo 68 r, Tel. 01 02 75 75 07, €–€€*

Al Veliero **(U/C 2–3)**
Feine ligurische Fischküche, noch dazu bezahlbar, unweit des Aquariums. *Mo geschl., Via Ponte Calvi 10, Tel. 01 02 46 57 73, €€*

EINKAUFEN

An den größeren Straßen, die von der *Piazza De Ferrari* **(U/D 3–4)** abgehen – *Via XXV Aprile, Via XX Settembre, Via Roma* usw. –, liegt ein Geschäft neben dem anderen, darunter auch alle bekannten Modenamen. Eine überdachte Einkaufsmeile ist die *Galleria Mazzini* **(U/D 3)** hinterm Teatro Carlo Fenice. *Buchläden* mit Material zu Genua und Ligurien finden sich im Palazzo Ducale und am Porto Antico. In der Altstadt stößt man auf herrlich altmodische Läden, z. B. mit feiner Konfiserie *(Confetteria Romanengo, Via Soziglia 74 r,* **U/D 3***)* und mit exotischen Gewürzen (*Drogheria Torrielli, Via San Bernardo 32 r,* **U/D 4**)

Mercato Orientale **(U/E–F 4)**
★ Selbst markterfahrene Italienreisende kommen hier ins

Kitsch und Kurioses, Tinnef und Trash: Unter den Arkaden der Via Gramsci breiten fliegende Händler ihr Angebot aus

Schwärmen – ein auch optisch wunderbarer Lebensmittelmarkt in den Gemäuern eines alten Klosters. *Mo–Sa, Via XX Settembre/Via Galata*

Sergio Lugano **(U/F 4)**
Hier bekommt man die echten *mezzeri* Genuas, nach antiken Mustern bedruckte Baumwolldecken. *Via Galata 120 r*

ÜBERNACHTUNG

Colombo **(U/D 4)**
Ein schlichtes, aber geschmackvolles preiswertes, kleines Hotel mitten im Zentrum. *26 Zi., Tel./Fax 01 02 51 36 43, Via Porta Soprana 27, €*

Jolly Hotel Marina **(U/C 3)**
Neu eröffnet, gehobener Standard, mit Parkplätzen. Die tolle Lage auf dem Pier mitten im Porto Antico lohnt allein schon. *140 Zi., Molo Ponte Calvi 5, Tel. 01 02 53 91, Fax 01 02 51 13 20, www.jollyhotels.it, €€€*

Metropoli **(U/D 3)**
Zentral gelegen, ein angenehmes Mittelklassehotel. *48 Zi., Piazza Fontane Marose, Tel. 010 24 68 88 88, Fax 01 02 46 86 86, metropoli.ge@bestwestern.it, €€*

Ostello della Gioventù (Jugendherberge) **(O)**
Auf dem Hügel Righi mit schöner Sicht, zu erreichen von der Piazza della Nunziata unweit des Bahnhofs Principe mit dem Bus Nr. 40. *213 Plätze (4- bis 8-Bett-Zimmer), Via Costanzi 120, Tel./Fax 01 02 42 24 57, www.hostels-aig.org, €*

Torre Cambiaso **(O)**
Im Vorort *Pra* (15 km westlich) ein schlossartiges Charmehotel mit Swimmingpool. *46 Zi., Via Scarpanto 49, Tel. 010 66 50 55, Fax 01 06 97 30 22, www.torrecambiaso.com, €€*

AM ABEND

Die Genuesen gehen sehr gern ins Theater, entsprechend zahlreich die Theater und gut das Programm. Ein sehr gutes Prosatheater ist das *Teatro della Tosse (Piazza Negri 2, Tel. 01 02 47 07 93)*. Opernliebhaber gehen ins *Teatro Carlo Felice (Piazza De Ferrari, Tel. 010 58 93 29)*.

Berto **(U/D 4)**
Weinlokal und Intreff an der *Piazza delle Erbe*, die an schönen Abenden vor jungen Leuten nur so wimmelt. *Kein Ruhetag*

Caffè degli Specchi **(U/D 4)**
Der Abend beginnt mit dem Aperitif in diesem wunderschönen alten Spiegelcafé. *So geschl., Salita Pollaiuoli 43 r*

Le Corbusier **(U/D 4)**
Ein Lichtblick im sonst abends ziemlich düsteren Gassengewirr:

tagsüber Café, abends Musikkneipe, und immer gut besucht. *So geschl., Via San Donato 36 r*

AUSKUNFT

Stazione Principe (**U/B 1**), *Tel. 01 02 46 26 33; Palazzo Loggia dei Banchi* (**U/C 3**), *Piazza Banchi, Tel. 010 24 87 11, Fax 01 02 46 76 58, www.apt.genova.it; Aereoporto Cristoforo Colombo* (**O**), *Tel. 01 06 01 52 47*

Jeden Monat erscheint der Veranstaltungskalender »Passport« (italienisch/englisch). Er liegt kostenlos in Hotels, Restaurants und den Touristeninformationsbüros aus.

ZIELE IN DER UMGEBUNG

Boccadasse **(113/D 5)**

Diese Hand voll bunte Fischerhäuser um eine winzige Sandbucht am Meer liegt als malerischer Fremdkörper ins südöstliche Stadtgebiet Genuas eingebettet. Die paar Restaurants und Eiscafés platzen am Wochenende fast unter dem Ansturm der Genueser.

Casella **(113/D 2)**

Auf ihrer Strecke von 25 km muss die kleine Eisenbahn immerhin über 300 m Höhenunterschied überwinden. Von der *Piazza Manin* (**U/F 2**) in Genua startet die einstündige Fahrt hinauf in die Berge, an Talkämmen entlang, vorbei an Dörfern, abgeschiedenen Kirchlein, mit herrlichen Weitblicken, bis in die Ortschaft Casella. Die umliegende Landschaft lädt zum Wandern und Radfahren ein; Räder kann man am Bahnhof von Casella mieten.

Cimitero di Staglieno **(113/D 4)**

★ »An diesen Ort werde ich mich erinnern, selbst wenn ich die Paläste vergessen habe«, schrieb Mark Twain 1869 über seinen Besuch des Friedhofs von Genua – einer regelrechten Totenstadt mit der schmachtend-naturalistischen Trauerbildhauerei des 19. Jhs. *Tgl. 7.30–17 Uhr, Piazzale Resasco*

Festungsanlagen **(112/C 4)**

Im Rücken der Stadt entstanden auf den Kuppen der Berge im 16. und 17. Jh. eine Reihe von Festungen sowie die *Nuova Mura,* die Neue Mauer, nach der Chinesischen Mauer angeblich die zweitlängste der Welt. Ein Dutzend dieser zum Teil gut erhaltenen und herrlich gelegenen Forts sind heute über einen Wanderweg (drei bis vier Stunden) miteinander verbunden. Er beginnt beim Aussichtshügel *Righi,* den man von der Stadt mit der Standseilbahn vom *Largo della Zecca* (**U/C–D 2**) aus erreicht.

Madonna della Guardia **(112/B 3)**

In 800 m Höhe auf dem Berg Monte Figogna erhebt sich die bedeutendste und größte Wallfahrtsstätte Liguriens, das prunkvolle *Santuario di Nostra Signora della Guardia* (18. Jh.). Sehenswert ist die Exvotosammlung (Zugang im linken Seitenschiff).

Pegli **(112/B 4)**

Im Vorort Pegli zeigt das *Museo Archeologico (Di–Fr 9–19, Sa/So 9 bis 13 Uhr, Via Pallavicini 11)* in der Villa Durazzo Pallavicini Fundstücke aus der reichen Frühgeschichte Liguriens. Sehenswert ist aber vor allem der bezaubernde *Villenpark (tgl. 9–17 Uhr).*

Mit dem Auto und zu Fuß durch das unbekannte Ligurien

Die hier beschriebenen Routen sind in der Übersichtskarte im vorderen Umschlag und im Reiseatlas ab Seite 106 grün markiert

① IM ÄUSSERSTEN ZIPFEL DER PONENTE

In der westlichsten Ecke Liguriens vereinen sich die beiden Seelen der Ligurer: die eine vom weiten, blauen Meereshorizont geprägt, die andere vom kargen, steilen Fels des bergigen Hinterlands. Oder wie der ligurische Schriftsteller Nico Orengo schreibt: »Es gibt die Ligurer der Klippen, Levantiner und unzuverlässig, und die der Bergfelsen, streng und ernsthaft wie der Olivenbaum.« Die hier vorgeschlagene Route von 140 km eignet sich gut als Tagestour mit Mittagseinkehr. Sie beginnt bei den Badeorten San Remo oder Arma di Taggia und steigt über Taggia durch das schmale Tal Valle Argentina hinauf, vorbei an Olivenhainen, durch Kastanien-, Steineichen- und Lärchenwälder, durch wilde Felslandschaften. Nach Triora, dem Dorf der Hexen und Mühlen, geht es weiter hinauf nach Realdo und Verdeggia, dicht am Länderdreieck zu Frankreich und Piemont, Bergdörfer von stolzer Verschlossenheit und mit ganz eigenem Dialekt. Und wo man einst Schafen begegnete, in den Wäldern und auf den baumlosen Kuppenwiesen der Berge, trifft man heute auf Wanderer und Pilzsammler oder, bei Borniga, auf Freeclimber und Bungeespringer. Zurück geht es über Pigna und Dolceacqua nach Ventimiglia bzw. Bordighera, wo Sie wieder die Küste erreichen.

Von *San Remo (S. 42)* geht es die Küste entlang nach Arma di Taggia und dort landeinwärts auf der SS 548 ins Tal *Valle Argentina* – zunächst in den Ort *Taggia* mit sehenswertem mittelalterlichem Zentrum, der gotischen Klosteranlage San Domenico, der grandiosen mittelalterlichen Brücke aus 16 Bögen über den Bergfluss Argentina und der romanischen Kirche Madonna del Canneto. Nun steigt das Tal an, wird eng, lässt Blumenzucht und Oliven hinter sich und erreicht die alten Dörfer Badalucco und *Montalto Ligure* (hier in der Kirche San Giorgio Fresken aus dem 14. Jh.). Ein Abstecher führt ins abgeschiedene, mittelalterliche *Carpasio.*

Abwechslungsreich, vorbei an Felswänden und offenen Wiesen, gelangen Sie dann nach *Mo-*

lini di Triora (S. 45), wo die Bergbäche Argentina und Capriolo zusammenfließen und einst 27 Getreidemühlen in Gang hielten. Zur Einkehr mit typischem Rotwein aus hiesigem Anbau lädt das *Ristorante Santo Spirito (Mi geschl., Tel. 018 49 40 19, €–€€)* ein.

Der kleine Ort *Triora* muss einmal reich und bigott gewesen sein, nach den Ruinen von fünf Festungsanlagen und nach den zehn Kirchen und stattlichen Wohnhäusern zu urteilen. Und berühmt-berüchtigt wegen der Hexenverfolgung, wie das Hexenmuseum zeigt *(Museo Etnografico e della Stregoneria, tgl. 15–19 (Winter bis 18) Uhr, Sa/So auch 10.30–12 Uhr, Corso Italia 1).*

Extremsportler lieben diese Ecke hier oben: Von der Brücke von *Loreto* springen sie Bungee, bei *Borniga* locken 120 Klettertouren die Steilwände hinauf. Und hoch am Felsen kleben Dörfer wie *Realdo* und *Verdeggia,* von hier starten auch Gebirgstouren (in der *Trattoria Ca' da Roca* in *Realdo* gibt es Infos und auch Schlüssel für die Berghütten, *Tel. 018 49 41 41).* Wieder zurück über Triora geht es nun in Serpentinen durch Kastanienwälder, über die Alpkuppe *Colla di Langan* mit der nahen Berghütte *Colle Melosa* (Abstecher hin und zurück 13 km), beliebte Ausgangspunkte für Bergtouren.

Auf der Rückfahrt durch das Nerviatal hinunter zur Küste ist die nächste Station *Pigna,* berühmt wegen seiner dunklen, engen, mit Bögen überzogenen Gassen. Im *Hotelrestaurant Terme (18 Zi., Mi geschl., Via Madonna Assunta, Tel. 01 84 24 10 46, €–€€)* bekommt man sorgfältige Lokalküche. Mittelalterlich geprägt sind auch *Isolabona* und das abseits und herrlich gelegene *Apricale.* Es folgen die Winzerstädtchen *Dolceacqua (S. 49)* und *Camporosso,* und schließlich ist auch wieder die Küste mit *Ventimiglia (S. 48)* und *Bordighera (S. 34)* erreicht.

② DIE TÄLER VON CHIAVARI HINAUF

Auch der Tagesausflug in die Täler oberhalb von Chiavari (140 km) kann mit einem Stück Küste beginnen: Schließlich gehört zum Bild Liguriens immer beides, das Meer und die Berge. Gefahren lauerten früher überall, im steilen Gestein, in den einsamen Wäldern, in der rauen Brandung. So entstanden mit der Bitte um Schutz zahlreiche Wallfahrtskirchen, meist herrlich gelegen und manche mit herzergreifenden Votivbildern, die von den überstandenen Schrecken und gefährlichen Zeiten der Fischer, Bauern und Hirten erzählen. Auf dem Weg von Moneglia über Sestri Levante, Lavagna und Chiavari in die Täler bis hinauf in den Bergferienort Santo Stefano d'Aveto liegen solche Stätten, in denen im Sommer Feste mit Prozessionen, Markt- und Schlemmerständen sowie phantastischen Feuerwerken stattfinden.

Zum Auftakt laden bei *Moneglia* angenehme Strände ein, etwa die berühmte *Spiagga La Secca,* zu Fuß von der Küstenstraße am nordwestlichen Ortseingang zu erreichen. Über die besser ausgebaute Via Aurelia geht es zu den Küstenorten *Sestri Levante (S. 57,* auf der Kuppe der Halbinsel die romanisch-barocke Kirche *San Nicolò dell'Isola* und der schöne *Parco del Grand Hotel dei Castelli), Lavagna* (mit altem Ortskern und berühmt für die nahen Schieferbrüche) und *Chiavari*

(S. 55). Landeinwärts öffnet sich das Entellatal, und nach 3 km geht es hinauf zur anthrazit und weiß gestreiften *Basilica dei Fieschi (S. 56).*

Weiter fahren Sie auf der SS 225, die bald den Weg ins Fontanabuonatal einschlägt, halten sich dann aber Richtung Borgonuovo, um schließlich die Linksabzweigung ins Sturlatal nach Borzonasca zu nehmen. Hier lohnt der Abstecher (6 km hin und zurück) hinauf zur mittelalterlichen Abtei *Abbazia Borzone,* in stimmungsvoller Einsamkeit gelegen.

Die Route windet sich dann weiter auf den Forcellasattel, tritt ins Avetotal ein, erreicht das Bauerndorf Cabanne, das sich in einer weiten Mulde ausdehnende *Rezzoaglio* mit seinen mittelalterlichen Brücken und schließlich den Bergferienort *Santo Stefano d'Aveto.* Buchenwälder und die Kuppe des Monte Penna (1735 m) laden zu Wanderungen ein, im Winter bei besten Schneeverhältnissen auch zu Langlauf. Und jeden Mittwoch bietet der Wochenmarkt im malerischen Ortskern je nach Saison köstliche Bergkäse und Pilze feil. Gute Küche gibts im Hotel *Leon d'Oro (32 Zi., Mo geschl., Tel. 018 58 80 73, €–€€).*

Die Rückfahrt zur Küste folgt bis hinter Cabanne, kurz vor dem Forcellasattel, der gleichen Strecke, nimmt dann aber die Rechtsabzweigung nach Favale di Malvaro und erreicht bei *Cicagna (S. 58)* das *Fontanabuonatal* (mit seinen alten Eisenbergwerken auch ein Ausflugsziel). Nach 3 km talwärts folgen Sie der Rechtsabzweigung nach *Rapallo (S. 68),* von der nach weiteren 8 km ein Abstecher zu einem der berühmtesten Wallfahrtsorte Liguriens führt: *Nostra Signora di Montallegro* (6 km hin und zurück, *S. 69).* Nach einem letzten reizvollen Abschnitt erreichen Sie dann bei Rapallo wieder die Küste.

③ AUF DEM KAMM ÜBER DEN CINQUE TERRE

Eine der schönsten Landschaften Liguriens sind die so genannten Cinque Terre *(S. 71)* an der Riviera di Levante zwischen Levanto und Portovenere: fünf auf Felsklippen sich krallende Dörfer, vorn die Gischt der Meereswellen, im Rücken die in Terrassen aufsteigende Küste aus Stein.

Die herrliche Aussicht, die großartige Landschaft und eine ganze Reihe von markierten Wegen laden zum Wandern ein: Neben Wegen ins bewaldete Hinterland und zu kleinen Wallfahrtskirchen am Berg sind vor allem zwei Strecken zu nennen: der Küstenweg Nr. 2, der die fünf Dörfer miteinander verbindet und zu dem die berühmte Via dell'Amore zwischen Manarola und Riomaggiore gehört (insgesamt ca. fünf Stunden), und der vielleicht schönste Höhenweg an der Küste Italiens, der Weg Nr. 1, der hoch oben auf dem Küstenkamm verläuft, über mehrere Berggipfel mit atemberaubender Aussicht führt, bei Levanto aufsteigt und bei Portovenere wieder hinunterführt. Mit seinen zwölf Stunden (ca. 40 km) Wanderdauer ist er an einem Stück eher etwas für Leute mit Ausdauer und guter Kondition, und Zeit zum Schauen bleibt wenig. Daher empfiehlt es sich, ihn in zwei oder drei Etappen aufzuteilen. Eine sehr reizvolle Unterbrechung bildet der einstündige Abstieg hinunter nach Vernazza, der Aufstieg am nächsten Morgen dauert 90 Minuten. Der Weg bietet keine großen Schwierig-

keiten, und dank des milden Klimas kann man ihn, außer in der Hitze des Hochsommers, das ganze Jahr über begehen. Am schönsten ist er wohl zur Weinlese im Herbst, oder vielleicht reizt Sie diese Art Naturerleben auch im Winter.

Der Wanderweg ist rot markiert. Man braucht festes Schuhwerk, Wasser und Wegzehrung. Die Wanderkarten des italienischen Alpenvereins (CAI) oder die Carta Turistica e dei Sentieri: Cinque Terre findet man in den Buchhandlungen an der Küste.

Beginnen Sie im Zentrum von *Levanto (S. 75)* und gehen zunächst unter der alten Eisenbahnlinie hindurch am Meer entlang, am Kastell vorbei und immer weiter leicht ansteigend über dem Meer bis zu einer Weggabelung (1,30 Std.): Rechts erscheint nun die Landspitze Punta Mesco mit einem Leuchtturm, weiter an der Küste entlang *Monterosso (S. 73);* Weg Nr. 1 hingegen führt den Kamm hinauf. Es geht über mehrere Bergkuppen (etwa über den Montenegro mit 464 m Höhe), bis der Weg schließlich die obere Küstenstraße nach Monterosso bzw. nach Legnaro und Levanto erreicht (2 Std.).

Weg Nr. 1 folgt nun dem ansteigenden Asphaltsträßchen, das am Wallfahrtsort *Madonna di Soviore* (besuchenswert) vorbeiführt, bis Sie nach 3,5 km (1 Std.) wieder die Straße verlassen. Nach 45 Min. Wanderweg erreichen Sie erneut ein Asphaltsträßchen oberhalb der Häuser von *Drignana.* Nach einem kurzen Straßenstück beginnt dann der Anstieg auf die Bergkuppen *Montepertuso* (815 m) und *Monte Castello* (752 m) (von Drignana 1,45 Std.).

Hier oben auf dem Kamm angelangt, beginnt nun das landschaftlich spektakulärste Teilstück der Wanderung: Herrliche Ausblicke auf die Küste und ins waldreiche Binnenland bieten die Bergkuppen und der Kammweg (1,45 Std.).

Es folgt ein Waldstück, das sich an Wasserläufen und Quellen entlangzieht. Erneut führt der Weg über den Kamm auf und ab über Kuppen und Sattel bis zur *Sella La Croce* (673 m, 1,30 Std.). Hier würde der Weg Nr. 1 hinabführen nach *Riomaggiore (S. 73).*

Der Hauptweg geht nun in eine Staubstraße über, bis er kurz vor der Straßengabelung *Bramapane* wieder als Weg abzweigt, vorbei an einer Festungsanlage und einer Telegrafenleitung und über eine Serpentinenkurve der Straße hinweg wieder auf eine Staubstraße durch den Wald. Es geht bergab, immer näher der Küste zu, durchs Dorf *Campiglia* (1,30 Std.).

Sich auf dem linken Weg haltend, parallel zum Sträßchen, gelangen Sie im Anschluss an eine scharfe Kurve auf das Steilstück der Felsen von *Muzzerone.* Es ist eine ungefährliche, wenn auch die anspruchsvollste Wegstrecke, und schon nach 30 Min. ist erneut die Straße erreicht, deren Serpentinen Sie hinunterfolgen bis nach *Portovenere (S. 63,* 1,15 Std.). Nach dieser schönen Anstrengung gelangt man mit öffentlichen Verkehrsmitteln zurück in die Cinque-Terre-Dörfer.

Da vom Höhenweg Nr. 1 immer wieder Wege hinab zu den Cinque-Terre-Dörfern abgehen, die zur lohnenden Einkehr einladen, lässt sich diese Wanderung auch sehr gut in drei Tagesetappen aufteilen.

Von Auskunft bis Zoll

Hier finden Sie kurz gefasst die wichtigsten Adressen und Informationen für Ihre Rivierareise

AUSKUNFT

Fremdenverkehrsbüro Enit

– 10178 Berlin, Karl-Liebknecht-Str. 34, Tel. 030/2478397, Fax 247 83 99
– 60329 Frankfurt/Main, Kaiserstr. 65, Tel. 069/237434, Fax 23 28 94
– 80336 München, Goethestr. 20, Tel. 089/53 13 17, Fax 53 45 27
– 1010 Wien, Kärntnerring 4, Tel. 01/505 16 39, Fax 505 02 48
– 8001 Zürich, Uraniastr. 32, Tel. 01/211 30 31, Fax 211 38 85
– www.enit.it

Agenzia Regionale per la Promozione Turistica »In Liguria«

Palazzo Ducale, Piazza Matteotti 9, 16123 Genova, Tel. 01 05 30 82 01, Fax 01 05 95 85 07

Internet

www.turismo.liguriainrete.it
www.apt.rivieradeifiori.it
www.apt.genova.it
www.apttigullio.liguria.it
www.aptcinqueterre.sp.it

Aktuelle Informationen auf Deutsch zu Veranstaltungen, Museen, Wetter, Adressenlisten von deutschsprachigen Ärzten und Anwälten auf der Homepage *www.rczeitung.com* der »Riviera-Côte-d'Azur-Zeitung«.

AUTO

Wer auf der Autobahn nach Ligurien fährt, muss eine Mautgebühr *(pedaggio)* entrichten. Vorgeschrieben sind Führerschein und Fahrzeugschein, empfohlen wird die grüne Versicherungskarte. Trampen auf Autobahnen ist verboten. Die Höchstgeschwindigkeit in Ortschaften beträgt 50 km/h, außerorts 90 km/h, auf Schnellstraßen 110 km/h und auf Autobahnen 130 km/h. Die Promillegrenze liegt bei 0,8.

Nur bei den Tankstellen an den Autobahnen gibt es einen 24-Stunden-Service. Viele Zapfsäulen an wichtigen Knotenpunkten sind außerhalb der Kernarbeitszeiten (Mittagspause: 12.30–15.30 Uhr) nur mit Tankautomaten zu bedienen. Auch wer zu Hause mit Normalbenzin auskommt, sollte in Italien wegen der niedrigeren Oktanzahl Super tanken. Die Benzinpreise lagen bei Redaktionsschluss für Super bleifrei um 1,10 Euro, für Diesel um 90 Cent.

Vor allem in den Innenstädten und in den Badeorten ist die Parkplatznot groß, auch werden zunehmend Parkgebühren erhoben, was recht streng kontrolliert wird. Seinen Parkschein bezieht man aus Automaten oder in Zeitungskiosken und *Tabacchi*-Läden (Rubbelschein). Wenn irgend möglich, sollten Sie sich ohne Auto fortbewegen.

BAHN

Gerade an Liguriens Küste ist Bahnfahren reizvoll und preiswert. Den Gesamtfahrplan *(orario generale)* erhält man an Zeitungskiosken. Die Züge zwischen Ventimiglia und Genua sowie zwischen Genua und La Spezia fahren ungefähr im Stundentakt. Die Fahrkarte muss vor Fahrtantritt an den gelben Automaten auf dem Bahnhof entwertet werden!

DIPLOMATISCHE VERTRETUNGEN

Deutsches Konsulat
20121 Mailand, Via Solferino 40, Tel. 02 62 31 11 01

Österreichisches Konsulat
16129 Genua, Piazza Rossetti 4, Tel. 01 08 39 39 83

Schweizer Konsulat
16100 Genua, Piazza Brignole 3, Tel. 010 56 56 20

EURO

Bei Redaktionsschluss waren noch nicht alle Europreise festgesetzt. Wir haben die Preise deshalb in manchen Fällen auf- bzw. abgerundet. In der nächsten Auflage finden Sie wieder wie gewohnt die exakten Preise.

FOTOGRAFIEREN

Filmmaterial ist meist teurer als in Deutschland, daher am besten zu Hause kaufen.

GESUNDHEIT

Apotheken *(farmacia)* sind meistens Mo–Fr 9–12.30 und 15.30 bis 19 Uhr, Sa nur vormittags geöffnet. In der übrigen Zeit gibt es in allen größeren Orten einen Bereitschaftsdienst. Deutschsprachiges Krankenhauspersonal in Genua: *Ospedale Evangelico Internazionale, Corso Solferino 1a, Tel. 01 05 52 22 54*

MIETWAGEN

In Genua stößt man gleich am Flughafen auf die großen Autovermietungen. Avis und Hertz haben auch Niederlassungen in der Innenstadt (Nähe Stazione Brignole) von Genua. Der Wochentarif eines Kleinwagens beträgt meist knapp 400 Euro; es empfiehlt sich, nach besonderen Ferientarifen zu fragen. Häufig ist eine Buchung vor der Reise übers Reisebüro günstiger. Einen Mietwagen bekommt man nur, wenn man eine Kreditkarte vorlegen kann.

NOTRUF

Polizei *113*
Feuerwehr *(Vigili del Fuoco) 115*
Notarzt, Rettungswagen *118*
Pannenhilfe des ACI *(Automobile Club Italiano) 116*

ÖFFNUNGSZEITEN

Lebensmittelgeschäfte sind werktags meist von 8.30 bis 13 und von 17 bis 19.30 geöffnet, alle anderen Läden, Supermärkte und Warenhäuser öffnen von 8.30 oder 9 bis 12.30 und von 15.30 bis 19.30 Uhr. An einem Nachmittag in der Woche sind alle Geschäfte geschlossen. In Badeorten bleiben die Geschäfte und Boutiquen oft bis spät in den Abend offen. Kirchen sind meist tgl. 8–18 Uhr geöffnet, aber über Mittag häufig geschlossen.

POST

Die Postämter haben normalerweise Mo–Fr von 8.15 bis 13.20, Sa bis 12.20 Uhr (einige Hauptpostämter ganztägig) geöffnet. Briefmarken gibt es auch in Tabakläden. Briefe und Postkarten in EU-Länder und die Schweiz brauchen Marken zu 41 Cent, sehr viel schneller geht es mit der *posta prioritaria* (62 Cent).

STRÄNDE

Die Wasserqualität längs der Küste Liguriens – die Ponente mit Sandstränden, die Levante eher steinig – ist sehr zufrieden stellend. Natürlich empfiehlt es sich nie, in Hafengewässern oder an Flussmündungen zu baden. Von den Blauen Flaggen der Europäischen Union für schöne und gepflegte Strände mit guter Wasserqualität hat Ligurien im Vergleich zu anderen Küstenregionen Italiens besonders viele zugeteilt bekommen.

TAXI

Versuchen Sie in jedem Fall vor Beginn der Fahrt nach dem ungefähren Fahrpreis zu fragen. *(Quanto costa il viaggio?)*. Achten Sie darauf, dass der Taxifahrer den Taxameter einschaltet.

TELEFON

In Telefonzellen benutzt man fast nur noch Telefonkarten, die man in Tabakläden und Postämtern kauft. Vorwahlen nach Deutschland *0049*, Österreich *0043*, Schweiz *0041*, Italien *0039*.

TRINKGELD

In Hotels ist Trinkgeld nur üblich für Zimmermädchen. In Restaurants wird manchmal ein Zuschlag von 10 bis 15 Prozent erhoben; freundliche Kellner freuen sich über ein zusätzliches Trinkgeld (5–10 Prozent), wenn Sie zufrieden waren.

UNTERKUNFT

Platzmangel und enge, gewundene Straßen machen aus der Riviera nicht gerade ein Camperparadies. Dennoch gibt es über 180 Plätze, von denen einige ganzjährig geöffnet sind. Mit Ferienwohnungen ist Ligurien sehr reichhaltig ausgestattet, ob in Küstennähe oder in den Bergen. Adressenlisten bekommt man in den Fremdenverkehrsämtern. Eine gute Informationsquelle ist das Internet, z. B.: *www.fewo-direkt.de; www.fewo-ligurien.com.* An Hotels gibt es von der Familienpension bis zur Luxusherberge alles. Die Preise steigen im Juli/August steil an, außerdem muss man dann oft mindestens Halbpension buchen. Längs der Küste gibt es vier Jugendherbergen, in Chiavari, Finale, Savona und Genua. Informationen (italienisch/englisch) im Internet: *www.hostels-aig.org*

ZEITUNGEN

In den Kiosken der größeren Küstenorte wird eine große Auswahl an deutschsprachigen Zeitungen und Zeitschriften angeboten, manchmal allerdings mit einem Tag Verspätung. Eine vor Ort erstellte, deutschsprachige Monatszeitschrift mit Reportagen, Veranstaltungskalender etc. ist die *Riviera-Côte d'Azur-Zeitung.*

ZOLL

Innerhalb der EU dürfen Waren für den persönlichen Bedarf frei ein- und ausgeführt werden, u. a. 800 Zigaretten, 10 l Spirituosen über 22 Prozent, 20 l unter 22 Prozent und 90 l Wein. In die Schweiz dürfen jedoch nur 200 Zigaretten, 1 l Spirituosen über 15 Prozent und 2 l unter 15 Prozent eingeführt werden.

WETTER IN GENUA

Die monatlichen Durchschnittswerte im Überblick

	Jan.	Feb.	März	April	Mai	Juni	Juli	Aug.	Sept.	Okt.	Nov.	Dez.
Tagestemperaturen in °C	10	12	14	18	21	25	27	28	25	20	15	12
Nachttemperaturen in °C	6	6	9	12	15	19	22	22	19	15	11	7
Sonnenschein Std./Tag	4	4	5	6	7	8	10	9	7	6	4	4
Niederschlag Tage/Monat	7	7	7	7	8	5	3	4	6	9	10	8
Wassertemperaturen in °C	13	12	13	14	16	20	23	23	21	19	16	14

Bloß nicht...

Im Italienischen heißt das: »ma no!« Wir warnen damit vor Dingen, die Ihnen als Tourist vermutlich keinen Spaß machen werden oder mit denen Sie anecken können

Diebe »einladen«
Wo viele Touristen sind, vor allem auch eine Menge recht betuchter wie an manchen Flecken der Riviera, sollte man vor Taschendieben und Autoknackern auf der Hut sein. Beim Stadtbummel in Genua empfiehlt es sich, Handtasche und Fotoapparat auf der zur Häuserwand gerichteten Seite, nie zur Straßenseite, zu tragen. Das geparkte Auto, in der Stadt oder am Strand, sollte leer sein (wenn möglich, auch das Radio herausnehmen!). Und wenn es nicht anders geht, dann sollten Sie das Gepäck im abgeschlossenen Kofferraum verstauen.

Ohne Schuhe im Wald und auf den Klippen
Im Hinterland Liguriens laden wunderbare Wälder mit Laubgehölz zum Spazierengehen ein. Dabei sollte man festes Schuhwerk tragen, denn der Weg ist oft genug voll spitzer Felsen, auch kann man giftigem Getier wie kleinen Schlangen begegnen. Für die Badeplätze auf Klippen und Kieseln empfehlen sich Plastiksandalen, auch als Schutz vor Seeigeln an Felsen unter Wasser.

Ohne Kassenbon
Die Finanzpolizei ist streng: Bei fehlendem Kassenbon wird der Kunde ebenso verantwortlich gemacht wie der Verkäufer. Also beim Kauf in Geschäften, an der Bar und in der Trattoria, aber auch bei der Autoreparatur sich immer den Kassenbon *(ricevuta fiscale)* geben lassen. Nach 100 m Entfernung vom Laden dürfen Sie ihn dann ruhig in den Papierkorb schmeißen.

Unangemessene Kleidung
Bitte nicht in Shorts und mit unbedeckten Schultern Kirchen betreten, auch nicht während des Gottesdienstes.

Preise unterschätzen
Sie tun gut daran, sich bei manchen Dingen vorher nach dem Preis zu erkundigen: etwa vor Antritt einer Taxifahrt, bei der Bestellung des Hotelzimmers oder vor Inanspruchnahme der Dienste einer Autowerkstatt. Oder bei Fisch, dessen Preis auf der Speisekarte sich häufig auf 100 Gramm *(etto)* bezieht. Fragen Sie also vor der Bestellung am besten nach dem Gesamtgewicht des Fischs.

Sprechen und Verstehen ganz einfach

Zur Erleichterung der Aussprache:

c, cc	vor »e, i« wie deutsches »tsch« in deutsch, Bsp.: die**ci**, sonst wie »k«
ch, cch	wie deutsches »k«, Bsp.: pa**cch**i, **ch**e
ci, ce	wie deutsches »tsch«, Bsp.: **ci**ao, **ci**occolata
g, gg	vor »e, i« wie deutsches »dsch« in Dschungel, Bsp.: **g**ente
gl	ungefähr wie in »Familie«, Bsp.: fi**gl**io
gn	wie in »Kognak«, Bsp.: ba**gn**o
sc	vor »e, i« wie deutsches »sch«, Bsp.: u**sc**ita
sch	wie in »Skala«, Bsp.: I**sch**ia
sci	vor »a, o, u« wie deutsches »sch«, Bsp.: la**sci**are
z	immer stimmhaft wie »ds«

Ein Akzent steht im Italienischen nur, wenn die letzte Silbe betont wird. In den übrigen Fällen haben wir die Betonung durch einen Punkt unter dem betonten Vokal angegeben.

AUF EINEN BLICK

Ja./Nein.	Sì./No.
Vielleicht.	Fọrse.
Bitte./Danke.	Per favọre./Grạzie.
Vielen Dank!	Tạnte grạzie.
Gern geschehen.	Non c'è di che!
Entschuldigen Sie!	Scụsi!
Wie bitte?	Cọme dịce?
Ich verstehe Sie/dich nicht.	Non La/ti capịsco.
Ich spreche nur wenig …	Pạrlo sọlo un po' di …
Können Sie mir bitte helfen?	Mi può aiutạre, per favọre?
Ich möchte …	Vorrẹi …
Das gefällt mir (nicht).	(Non) mi piạce.
Haben Sie …?	Ha …?
Wie viel kostet es?	Quạnto cọsta?
Wie viel Uhr ist es?	Che ọre sọno?/Che ọra è?

KENNENLERNEN

Guten Morgen!/Tag!	Buon giọrno!
Guten Abend!	Buọna sẹra!
Gute Nacht!	Buọna nọtte!
Hallo!/Grüß dich!	Ciạo!
Wie geht es Ihnen/dir?	Cọme sta?/Cọme stai?
Danke. Und Ihnen/dir?	Bẹne, grạzie. E Lei/tu?
Auf Wiedersehen!	Arrivedẹrci!
Tschüss!	Ciạo!
Bis bald!	A prẹsto!
Bis morgen!	A domạni!

UNTERWEGS

Auskunft

links/rechts	a sinịstra/a dẹstra
geradeaus	dirịtto
nah/weit	vicịno/lontạno
Wie weit ist das?	Quạnti chilọmetri sọno?
Ich möchte … mieten.	Vorrẹi noleggịare …
… ein Auto	… ụna mạcchina.
… ein Fahrrad	… ụna biciclẹtta.
… ein Boot	… ụna bạrca.
Bitte, wo ist …?	Scụsi, dov'è …?
der (Haupt-)Bahnhof	la staziọne (centrạle)
die Haltestelle	la fermạta
der Flughafen	l'aeropọrto
Zum … Hotel.	All'albẹrgo …

Panne

Ich habe eine Panne.	Ho un guạsto.
Würden Sie mir einen Abschleppwagen schicken?	Mi potrẹbbe mandạre un cạrro-attrẹzzi?
Gibt es hier in der Nähe eine Werkstatt?	Scụsi, c'è un'officịna qui vicịno?
Würden Sie mir mit Benzin aushelfen?	Mi potrẹbbe dạre un po' di benzịna, per favọre?

Tankstelle

Wo ist bitte die nächste Tankstelle?	Dov'è la prọssima staziọne di servịzio, per favọre?
Ich möchte … Liter …	Vorrẹi … lịtri di …
… Normalbenzin.	… benzịna normạle.
… Super./… Diesel.	… sụper./… gasọlio.
… Bleifrei/… Verbleit.	… sẹnza piọmbo (vẹrde)/ … con piọmbo.
…mit … Oktan.	… a … ottạni.
Voll tanken, bitte.	Il piẹno, per favọre.

Unfall

Hilfe!	Aiụto!
Achtung!/Vorsicht!	Attenziọne!
Rufen Sie bitte schnell …	Chiạmi sụbito …
… einen Krankenwagen.	… un'autoambulạnza.
… die Polizei.	… la polizịa.
… die Feuerwehr.	… i vịgili del fuọco.
Haben Sie Verbandszeug?	Ha materiạle di prọnto soccọrso?
Es war meine Schuld.	È stạta cọlpa mịa.
Es war Ihre Schuld.	È stạta cọlpa Sụa.
Geben Sie mir bitte Ihren Namen und Ihre Anschrift!	Mi dịa il Sụo nọme e indirịzzo, per favọre!

ESSEN/UNTERHALTUNG

Wo gibt es hier …	Scusi, mi potrebbe indicare …
… ein gutes Restaurant?	… un buon ristorante?
… ein typisches Restaurant?	… un locale tipico?
Gibt es in der Nähe eine Eisdiele?	C'è una gelateria qui vicino?
Reservieren Sie uns bitte für heute Abend einen Tisch für vier Personen.	Può riservarci per stasera un tavolo per quattro persone?
Auf Ihr Wohl!	(Alla Sua) salute!
Bezahlen, bitte.	Il conto, per favore.
Hat es geschmeckt?	Andava bene?
Das Essen war ausgezeichnet.	(Il mangiare) era eccellente.
Haben Sie einen Veranstaltungskalender?	Ha un programma delle manifestazioni?

EINKAUFEN

Wo finde ich …?	Dove posso trovare …?
eine Apotheke	una farmacia
eine Bäckerei	un panificio
ein Fotogeschäft	un negozio di articoli fotografici
ein Kaufhaus	un grande magazzino
ein Lebensmittelgeschäft	un negozio di generi alimentari
den Markt	il mercato
einen Supermarkt	un supermercato
einen Tabakladen	un tabaccaio
einen Zeitungshändler	un giornalaio

ÜBERNACHTUNG

Können Sie mir bitte … empfehlen?	Scusi, potrebbe consigliarmi …
… ein Hotel	… un albergo?
… eine Pension	… una pensione?
Ich habe bei Ihnen ein Zimmer reserviert.	Ho prenotato una camera.
Haben Sie noch …?	È libera …?
… ein Einzelzimmer	… una singola
… ein Zweibettzimmer	… una doppia
… mit Dusche/Bad	… con doccia/bagno
… für eine Nacht	… per una notte
… für eine Woche	… per una settimana
… mit Blick aufs Meer	… con vista sul mare
Was kostet das Zimmer …	Quanto costa la camera …
… mit Frühstück?	… con la prima colazione?
… mit Halbpension?	… a mezza pensione?

PRAKTISCHE INFORMATIONEN

Arzt

Können Sie mir einen guten Arzt empfehlen?	Mi può consigliạre un buọn mẹdico?
Ich habe Durchfall	Sọffro di diarrẹa.
Ich habe …	Ho …
… Fieber.	… la fẹbbre.
… Kopfschmerzen.	… mal di tẹsta.
… Bauchschmerzen.	… mal di stọmaco.
… Zahnschmerzen.	… mal di dẹnti.

Bank

Wo ist bitte …	Scụsi, dọve pọsso trovạre …
… eine Bank?	… ụna bạnca?
… eine Wechselstube?	… un'agenzịa di cạmbio?
Ich möchte diese … DM (Schilling, Schweizer Franken) in Lire wechseln.	Vorrẹi cambiạre quẹsti mạrchi (scellịni, frạnchi svịzzeri) in lịre.

Post

Was kostet …	Quạnto cọsta …
… ein Brief …	… ụna lẹttera …
… eine Postkarte …	… ụna cartolịna …
nach Deutschland?	per la Germạnia?

Zahlen

0	zẹro	19	diciannọve
1	ụno	20	vẹnti
2	dụe	21	ventụno
3	tre	30	trẹnta
4	quạttro	40	quarạnta
5	cịnque	50	cinquạnta
6	sei	60	sessạnta
7	sẹtte	70	settạnta
8	ọtto	80	ottạnta
9	nọve	90	novạnta
10	diẹci	100	cẹnto
11	ụndici	101	centoụno
12	dọdici	200	duecẹnto
13	trẹdici	1000	mịlle
14	quattọrdici	2000	duemịla
15	quịndici	10000	diecimịla
16	sẹdici		
17	diciassẹtte	1/2	un mẹzzo
18	diciọtto	1/4	un quạrto

Carta

Speisekarte

PRIMA COLAZIONE	FRÜHSTÜCK
caffè, espręsso	kleiner, starker Kaffee ohne Milch
caffè macchiạto	kleiner, starker Kaffee mit wenig Milch
caffellạtte	Kaffee mit Milch
caffè decaffeinizzạto	koffeinfreier Kaffee
cappuccịno	Kaffee mit aufgeschäumter Milch
tè al lạtte/al limọne	Tee mit Milch/Zitrone
tè ạlla męnta/ạlla frụtta	Pfefferminz-/Früchtetee
tisạna	Kräutertee
cioccolạta	Schokolade
spremụta	frisch gepresster Fruchtsaft
sụcco di frụtta	Fruchtsaft
frittạta	Omelett/Pfannkuchen
uọvo ạlla cọque	weiches Ei
uọva al tegạme	Spiegeleier
uọva sọde	harte Eier
uọva strapazzạte	Rühreier
pạne/panịno/pạne tostạto	Brot/Brötchen/Toast
cornętto	Hörnchen
bụrro	Butter
formạggio	Käse
salạme	Wurst
prosciụtto	Schinken
mięle	Honig
marmellạta	Marmelade
iọgurt	Joghurt
dęlla frụtta	etwas Obst

ANTIPASTI/MINESTRE	VORSPEISEN/SUPPEN
acciụghe	Sardellen
affettạto mịsto	gemischter Aufschnitt
anguịlla affumicạta	Räucheraal
carciofịni sott'ọlio	Artischockenherzen in Öl
fụnghi sott'ọlio	Pilze in Öl
melọne e prosciụtto	Melone mit Schinken
minestrọne	dicke Gemüsesuppe
pastịna in brọdo	Fleischbrühe mit feinen Nudeln
vitęllo tonnạto	kalter Kalbsbraten mit Thunfischcreme
zụppa di pęsce	Fischsuppe

PRIMI PIATTI	NUDEL- UND REISGERICHTE
pạsta	Nudeln
… al bụrro/in biạnco	… mit Butter
… ạlla napoletạna/al pomodọro	… mit Tomatensauce (ohne Fleisch)
… ạlla bolognẹse/al ragù	… mit Tomatensauce (mit Fleisch)
… ạlle vọngole	… mit kleinen Muscheln
… ạlla carbonạra	… mit Ei und Speck
… ạlla pạnna	… mit Sahne
… ạglio e ọlio	… mit Knoblauch und Öl
… ạlla puttanẹsca	… mit Tomatensauce, Oliven und sehr scharfen Gewürzen
fettuccịne/tagliatẹlle	Bandnudeln
gnọcchi	kleine Kartoffelklößchen
polẹnta	Maisbrei
agnolọtti/raviọli/tortellịni	gefüllte Teigtaschen
vermicẹlli	Fadennudeln
risọtto ạlla milanẹse	Reisgericht mit Safran

CARNE E PESCE	FLEISCH UND FISCH
agnẹllo	Lamm
ại fẹrri/ạlla grịglia	vom Grill
ạnitra	Ente
aragọsta	Languste
brasạto	Braten
cọda di rọspo	Seeteufel
conịglio	Kaninchen
cọzze/vọngole	Miesmuscheln/ kleine Muscheln
fẹgato	Leber
frịtto di pẹsce	gebackene Fischchen
gạmbero, grạnchio	Krebs, Krabbe
maiạle	Schweinefleisch
mạnzo/bụe	Rind-/Ochsenfleisch
ossobụco	Kalbshaxenscheibe mit Sauce
pẹsce spạda	Schwertfisch
pọllo	Huhn
rognọni	Nieren
salmọne	Lachs
scạmpi frịtti	gebackene kleine (See-)Krebse
sgọmbro	Makrele
sọgliola	Seezunge
spezzatịno	Geschnetzeltes/Gulasch
tọnno	Thunfisch
trọta	Forelle
vitẹllo	Kalbfleisch

VERDURA E INSALATE	GEMÜSE UND SALATE
aspạragi	Spargel
carciọfi	Artischocken
carọte	Möhren, Karotten
cavolfiọre	Blumenkohl
cạvolo	Kohl
cicọria bẹlga	Chicorée
cipọlle	Zwiebeln
fagiọli	weiße Bohnen
fagiolịni	grüne Bohnen
finọcchi	Fenchel
fụnghi	Pilze
insalạta mịsta	gemischter Salat
insalạta vẹrde	grüner Salat
lentịcchie	Linsen
melanzạne	Auberginen
patạte	Kartoffeln
patatịne frịtte	Pommes frites
peperọni	Paprika
pisẹlli	Erbsen
pomodọri	Tomaten
sẹdano	Sellerie
spinạci	Spinat
zụcca	Kürbis

FORMAGGI	KÄSE
parmigiạno	Parmesankäse
pecorịno	Schafskäse
ricọtta	quarkähnlicher Frischkäse

DOLCI E FRUTTA	NACHSPEISEN UND OBST
albicọcca	Aprikose
angụria/cocọmero	Wassermelone
arạncia	Orange
cassạta	Eisschnitte mit kandierten Früchten
ciliẹgie	Kirschen
cọppa assortịta	gemischter Eisbecher
cọppa con pạnna	Eisbecher mit Sahne
fịchi	Feigen
frạgole	Erdbeeren
gelạto	Eis
lampọni	Himbeeren
macedọnia	Obstsalat
mẹla	Apfel
melọne/popọne	Honigmelone

nocciọla	Haselnuss(-Eis)
pẹra	Birne
pẹsca	Pfirsich
prụgna/susịna	Pflaume
tịrami su	Löffelbiskuit mit Kaffee und Mascarponecreme
ụva	Trauben
vanịglia	Vanille(-Eis)
zabaiọne	Eierschaumcreme
zụppa inglẹse	Biskuit mit Vanillecreme

Lista delle bevande

Getränkekarte

BEVANDE	GETRÄNKE
ạcqua minerạle	Mineralwasser
amạbile	lieblich
amạro	Magenbitter
aranciạta	Orangeade
bịbita	Erfrischungsgetränk
bicchiẹre	Glas
bịrra scụra/chiạra	dunkles/helles Bier
bịrra ạlla spịna	Bier vom Fass
bịrra sẹnza ạlcool	alkoholfreies Bier
bottịglia	Flasche
con ghiạccio	mit Eis
digestịvo	Verdauungsschnaps
frappé/frullạto	Milchmixgetränk (oft mit Eis)
gassạta/con gas	mit Kohlensäure
grạppa	Tresterschnaps
limonạta	Limonade
liquọre	Likör
lịscia/sẹnza gas	pur/ohne Kohlensäure
sẹcco	trocken
spremụta di arạncia	frisch gepresster Orangensaft
spumạnte	Sekt
sụcco di frụtta/di mẹle	Frucht-/Apfelsaft
sụcco di pomodọro	Tomatensaft
vịno biạnco/rosạto/rọsso	Weiß-/Rosé-/Rotwein
vịno dẹlla cạsa	Hauswein
vịno frizzạnte	Perlwein, moussierender Wein
vịno sfụso/apẹrto	offener Wein

Reiseatlas Italienische Riviera

Die Seiteneinteilung für den Reiseatlas finden Sie auf dem hinteren Umschlag dieses Reiseführers

LEGENDE REISEATLAS

Autobahn · Gebührenpflichtige Anschlussstelle · Gebührenstelle · Anschlussstelle mit Nummer · Rasthaus mit Übernachtung · Raststätte · Erfrischungsstelle · Tankstelle · Parkplatz mit und ohne WC	Trento · 11 · R R E T P P	Motorway · Toll junction · Toll station · Junction with number · Motel · Restaurant · Snackbar · Filling-station · Parking place with and without WC
Autobahn in Bau und geplant mit Datum der Verkehrsübergabe	Datum · Date	Motorway under construction and projected with completion date
Zweibahnige Straße (4-spurig)		Dual carriageway (4 lanes)
Fernverkehrsstraße · Straßennummern	14 · E45	Trunk road · Road numbers
Wichtige Hauptstraße		Important main road
Hauptstraße · Tunnel · Brücke		Main road · Tunnel · Bridge
Nebenstraßen		Minor roads
Fahrweg · Fußweg		Track · Footpath
Wanderweg (Auswahl)		Tourist footpath (selection)
Eisenbahn mit Fernverkehr		Main line railway
Zahnradbahn, Standseilbahn		Rack-railway, funicular
Kabinenschwebebahn · Sessellift		Aerial cableway · Chair-lift
Autofähre		Car ferry
Personenfähre		Passenger ferry
Schifffahrtslinie		Shipping route
Naturschutzgebiet · Sperrgebiet		Nature reserve · Prohibited area
Nationalpark, Naturpark · Wald		National park, natural park · Forest
Straße für Kfz. gesperrt		Road closed to motor vehicles
Straße mit Gebühr		Toll road
Straße mit Wintersperre	XII-II	Road closed in winter
Straße für Wohnanhänger gesperrt bzw. nicht empfehlenswert		Road closed or not recommended for caravans
Touristenstraße · Pass	Weinstraße · 1510	Tourist route · Pass
Schöner Ausblick · Rundblick · Landschaftlich bes. schöne Strecke		Scenic view · Panoramic view · Route with beautiful scenery
Golfplatz · Schwimmbad		Golf-course · Swimming pool
Ferienzeltplatz · Zeltplatz		Holiday camp · Transit camp
Jugendherberge · Sprungschanze		Youth hostel · Ski jump
Kirche im Ort, freistehend · Kapelle		Church · Chapel
Kloster · Klosterruine		Monastery · Monastery ruin
Schloss, Burg · Schloss-, Burgruine		Palace, castle · Ruin
Turm · Funk-, Fernsehturm		Tower · Radio-, TV-tower
Leuchtturm · Kraftwerk		Lighthouse · Power station
Wasserfall · Schleuse		Waterfall · Lock
Bauwerk · Marktplatz, Areal		Important building · Market place, area
Ausgrabungs- u. Ruinenstätte · Feldkreuz		Arch. excavation, ruins · Calvary
Dolmen · Menhir · Nuraghen		Dolmen · Menhir · Nuraghe
Hünen-, Hügelgrab · Soldatenfriedhof		Cairn · Military cemetery
Hotel, Gasthaus, Berghütte · Höhle		Hotel, inn, refuge · Cave
Kultur		**Culture**
Malerisches Ortsbild · Ortshöhe	WIEN (171)	Picturesque town · Elevation
Eine Reise wert	★★ MILANO	Worth a journey
Lohnt einen Umweg	★ TEMPLIN	Worth a detour
Sehenswert	Andermatt	Worth seeing
Landschaft		**Landscape**
Eine Reise wert	★★ Las Cañadas	Worth a journey
Lohnt einen Umweg	★ Texel	Worth a detour
Sehenswert	Dikti	Worth seeing

4 km

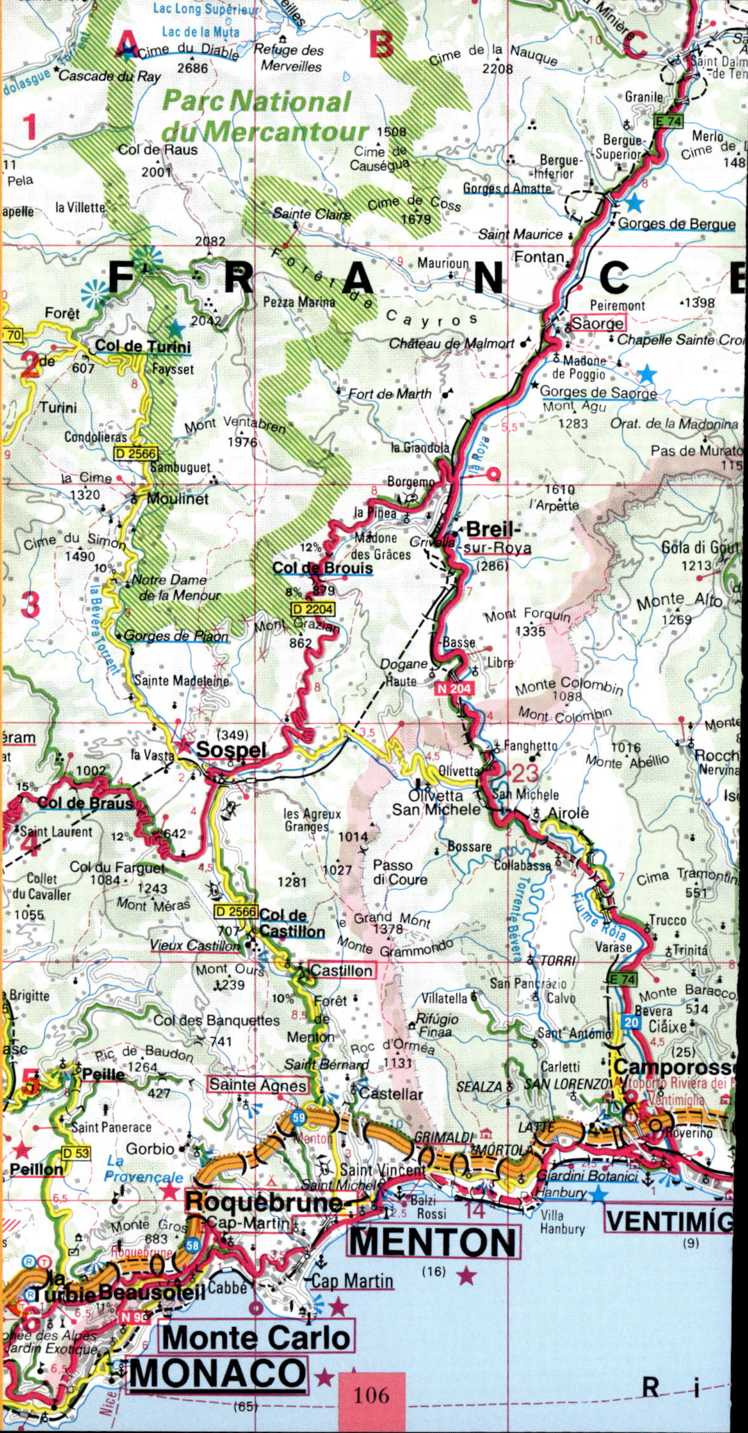

Lac Long Supérieur
Lac de la Muta
Cime du Diable
2686
Refuge des Merveilles
Cascade du Ray
Cime de la Nauque
2208
Saint Dalmas de Tende
Parc National du Mercantour
1508
Cime de Causégua
Granile
E 74
Bergue-Superior
Merlo
Cime de
Col de Raus
2001
Pela
Bergue-Inferior
Gorges d'Amatte
la Villette
Sainte Claire
Cime de Coss
1679
Gorges de Bergue
Saint Maurice
2082
Forêt de Cayros
Maurioun
Fontan
FRANCE
Forêt
2042
Pezza Marina
Peiremont
1398
Saorge
Col de Turini
Château de Malmort
Chapelle Sainte Croi
607
Faysset
Madone de Poggio
Turini
Fort de Marth
Gorges de Saorge
Mont Agu
1283
Orat. de la Madonina
Mont Ventabren
1976
Condolieras
la Giandola
la Roya
D 2566
Pas de Murato
Sambuguet
la Cime
Borgemo
1610
1320
Moulinet
l'Arpette
la Pinea
Breil-sur-Roya
(286)
Cime du Simon
1490
Madone des Grâces
Crivella
Gola di Gouta
1213
Col de Brouis
Notre Dame de la Menour
879
la Bévéra Torrent
D 2204
Mont Forquin
1335
Monte Alto
1269
Gorges de Piaon
Mont Grazian
862
Basse
Dogane Haute
Libre
Sainte Madeleine
N 204
Monte Colombin
1088
Mont Colombin
Sospel
(349)
la Vasta
Fanghetto
1016
Monte Abéllio
Rocch
Nervina
1002
Olivetta
23
Col de Braus
Olivetta San Michele
San Michele
Airole
les Agreux Granges
Saint Laurent
642
1014
Bossare
Col du Farguet
1084
1027
Passo di Coure
Collabassa
Collet du Cavaller
1243
1281
Cima Tramontina
551
Mont Méras
Torrente Bévéra
Fiume Roia
1055
Col de Castillon
Grand Mont
1378
Trucco
Vieux Castillon
Monte Grammondo
Varase
Trinitá
TORRI
Mont Ours
1239
Castillon
San Pancrázio
Calvo
E 74
Brigitte
Forêt de Menton
Villatella
Monte Baracco
514
Col des Banquettes
741
Rifúgio Finaa
Bevera
Ciàixe
Sant' António
20
(25)
Pic de Baudon
1264
Roc d'Orméa
1131
Saint Bernard
Peille
Carletti
Camporosso
427
Sainte Agnes
SEALZA
SAN LORENZO
Autoporto Riviera dei Fiori
Castellar
Ventimiglia
Saint Pancrace
59
GRIMALDI
LATTE
Roverino
Gorbio
Menton
MÓRTOLA
D 53
Peillon
la Provençale
Saint Vincent
Giardini Botanici
Saint Michel
Hanbury
Roquebrune-Cap-Martin
Balzi Rossi
14
Villa Hanbury
VENTIMÍGLIA
(9)
Monte Gros
683
MENTON
(16)
58
la Turbie
Beausoleil
Cabbé
Cap Martin
N 98
Trophée des Alpes
Jardin Exotique
Monte Carlo
MONACO
(65)
Nice
R i

Brigue
Notre Dame des Fontaines
Mont Saccarel
Il Redentore
2200
Monte Saccarello
Rifúgio Tre Pini
Monte Fronté
2133
Rifúgio San Remo
Colla Garezzo
1801
Mendática
Cosio di Arróscia
Montegrosso Piàn Latte
Madonna del Monte
Ponti
Verdeggia
Passo della Guardia
1461
Sant' António
Realdo
1696
Colla di Sanson
Saint Bernard
Cime de Marte
2138
ou Mont Vaquet
Monte Gerbonte
1728
Monte Pellegrino
1522
Grotta di Creppo
Creppo
Monte Mónega
1882
Monte Bisciaire
1506
Monte Prearba
1446
Rezzo
Nostra Signora del Sepolcro
2122
Monte Pietravecchia
2038
Mont Peireveille
Colla Melosa
1540
Monte Toraggio
1971
Monte Torrage
Lago di Tenarda
Carmo delle Strade
1026
Loreto
Cetta
(780)
Triora
Corte
Molini di Triora
Andagna
Passo della Teglia
1387
Rocca di Andagna
1418
Colla di Langan
1127
Buggio
Madonna di Lausegno
Carmo Albarozza
979
Gavano
Pian del Moro
Aigovo
Superiore
Agaggio
Inferiore
Torrente Argentina
Glori
Muratone
Madonna del Carmine
Madonna di Passoscio
San Giovanni dei Prati
Croce di Praesto
1627
Monte Ceppo
849
Pigna
(280)
Castèl Vittório
Monte Mera
1063
Monte Pallarea
1053
Montalto Ligure
San Gregorio
Vignai
Argallo
Ciabáudo
Madonna della Neve
Torrente Oxentina
Madonna degli
Badalucco
(179)
Baiardo
898
Passo Ghimbegna
Monte Semoigo
611
Madonna delle Grazie
Apricale
Berzi
Madonna della Villa
Monte Merlo
1014
Monte Neveia
835
548
Ceriana
Perinaldo
Monte Bignone
1299
Torrente Armea
Monte Sette
Santuario di Lampedusa
Castel
613
Monte Rebuffao
SAN ROMOLO
Monte Caggio
1090
Tággia
(39)
Borello
San Donato
Monte Colma
649
VEREZZO
Arma di Tággia
Pompeiana
Suseneo
Negi
SAN BARTOLOMEO
San Giovanni Battista
POGGIO
BUSSANA VECCHIA
Monte Grange
207
Soldano
San Biágio della Cima
Vallebona
Seborga
San Remo Ovest
COLDIRODI
N.S. della Guardia
Arma di Tággia
NUOVA BUSSANA
Madonna della Guardia
Capo Verde o Punta d'Arma
Borghetto San Nicolò
Sasso di Bordighera
Bordighera
25
Capo Nero
SAN REMO
(15)
ACI
Ospedaletti
(5)
Capo Sant' Ampelio
Bordighera
(5)
Vallecrósia
(5)
Riviera dei Fiori
3km
D
E
F
1
2
3
4
6

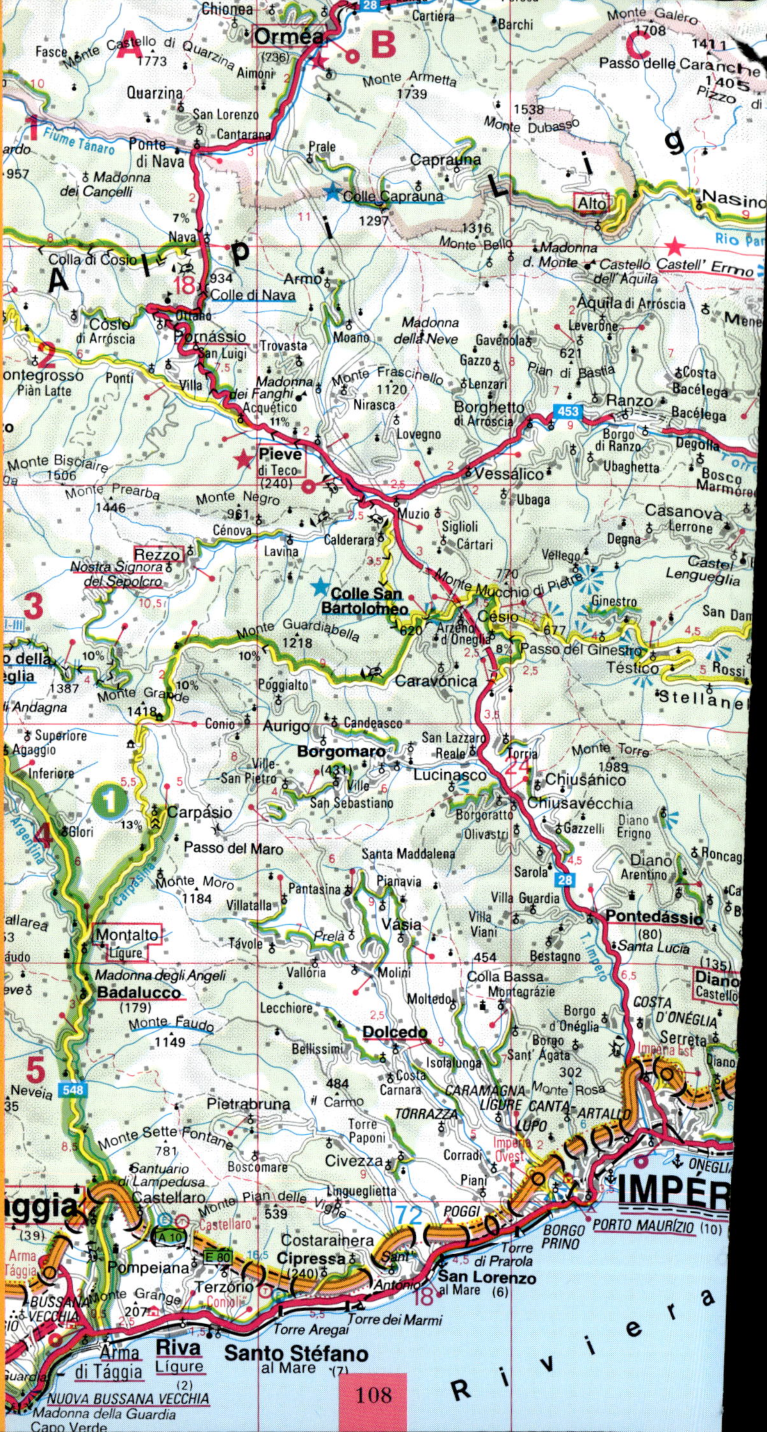

A
B
C
Chionea
Orméa
(736)
Cartiera
Barchi
Monte Galero
1708
1411
Passo delle Caranche
1405
Pizzo di
Fasce
Monte Castello di Quarzina
1773
Aimoni
Monte Armetta
1739
Quarzina
San Lorenzo
1538
Monte Dubasso
Cantarana
Fiume Tanaro
Ponte di Nava
Prale
Caprauna
Madonna dei Cancelli
Colle Caprauna
1297
Alto
Nasino
Rio Pennavaira
Nava
1316
Monte Bello
Madonna d. Monte
Castello dell'Aquila
Castell' Ermo
Colla di Cosio
A l p i L i g
934
Colle di Nava
Armo
Aquila di Arróscia
Ottano
Madonna della Neve
Leverone
Cosio di Arróscia
Pornássio
San Luigi
Trovasta
Moano
Gavenola
Gazzo
621
Costa Bacélega
Montegrosso Piàn Latte
Ponti
Villa
Madonna dei Fanghi
Monte Frascinello
1120
Lenzari
Pian di Bastia
Ranzo
Bacélega
Acquetico
Nirasca
Borghetto di Arróscia
453
Borgo di Ranzo
Degolla
Lovegno
Pieve di Teco
(240)
Ubaghetta
Bosco
Monte Bisciaire
1506
Vessalico
Marmoreo
Monte Prearba
1446
Monte Negro
961
Muzio
Ubaga
Casanova Lerrone
Cénova
Siglioli
Degna
Lavina
Calderara
Cártari
Rezzo
Vellego
Castel Lenguéglia
Nostra Signora del Sepolcro
770
Monte Mucchio di Pietre
Colle San Bartolomeo
Ginestro
3
Cesio
San Damiano
620
Arzeno d'Oneglia
677
Monte Guardiabella
1218
Passo del Ginestro
Testico
Rossi
1387
Póggialto
Caravónica
Monte Grande
Stellanello
1418
Andagna
Conio
Aurigo
Candeasco
Superiore
Agaggio
San Lazzaro Reale
Torria
Monte Torre
Borgomaro
(431)
1989
Inferiore
Ville-San Pietro
Ville
Lucinasco
Chiusánico
1
San Sebastiano
Chiusavécchia
Carpásio
Borgoratto
Diano Erigno
4
Glori
Olivastri
Gazzelli
Passo del Maro
Roncagli
Santa Maddalena
Diano Arentino
Monte Moro
1184
Pantasina
Pianavia
Sarola
Villatalla
Villa Guardia
Vásia
Pontedássio
Montalto Ligure
Villa Viani
(80)
Távole
Prelà
Santa Lucia
454
Bestagno
Vallória
Molini
Colla Bassa
(135)
Diano Castello
Madonna degli Angeli
Montegrázie
Badalucco
(179)
Moltedo
Lecchiore
Borgo d'Onéglia
COSTA D'ONÉGLIA
Monte Faudo
1149
Dolcedo
Serreta
Bellissimi
Isolalunga
Borgo Sant' Ágata
Imperia Est
5
302
Neveia
548
484
Costa Carnara
CARAMAGNA LIGURE
Monte Rosa
Il Carmo
CANTALUPO
ARTALLO
Pietrabruna
TORRAZZA
Torre Paponi
Monte Sette Fontane
781
Corradi
Imperia Ovest
ONEGLIA
Boscomare
Civezza
Santuario di Lampedusa
Piani
IMPERIA
Taggia
Castellaro
Monte Pian delle Vigne
Lingueglietta
539
Castellaro
72
POGGI
PORTO MAURÍZIO
(10)
A 10
(39)
Arma di Taggia
Costarainera
BORGO PRINO
Pompeiana
E 80
Cipressa
(240)
Sant'Antonio
Torre di Prarola
San Lorenzo al Mare
(6)
Terzorio
Monte Grange
207
BUSSANA VECCHIA
Torre dei Marmi
Torre Aregai
Arma di Taggia
Riva Ligure
(2)
Santo Stéfano al Mare
(7)
Riviera
NUOVA BUSSANA VECCHIA
Madonna della Guardia
Capo Verde

D
E
F
110
Colle Scravaion
Rocca Barbena
1142
Gazzo
582
Erli
Castelvecchio di Rocca Barbena
Monte Alpe 1056
Vecérsio
Castelbianco
Veravo
Zuccarello
Sella di Alzabecchi
693
Monte Ravinet 1061
San Pietro dei Monti
Carpe
Grotta della Basura
Cuneo
Balestrino
Bergalla
Barescione
Madonna della Guárdia
747
Monte Acuto
Boissano
Toirano
Castello Dória
A 10
E 80
Verzi
Villággio
Pietra
Borgio Verezzi
Stéfano
Castel la Pietra
Santa Corona
Convento di Monte Carmelo
Loano
(4)
36
541
Monte Croce
Peagna
Borghetto Santo Spirito
Castello Borelli (2)
Monte Pesalto 686
Ris. Nat. di Rio Torsero
Ceriale
Cisano sul Neva
Conscente
Nero
Curenna
Vendone
Menósio
Arnasco
Cénesi
Bezzo
Castellaro
Torrente Neva
Sálea
Sant' Eugénio (10)
Le Caravelle
Campochiesa
Albenga
Leca
Pogli
28
Ortovero
Villanova d'Albenga
Madonna di Ligo
458
Ligo
Bastia
F. Centa
Albenga
(5)
Capo Lena
Lusignano
San Fedele
Villa Ramella
Ris. Nat. dell' Isola Gallinara
Isola Gallinara
Garlenda
Marta
Castelli
Caso
520
Monte Bignone
San Bernardo
Madonna della Guárdia
Vegliasco
586
Solva
Santa Croce
Móglio
Capo Santa Croce
Villalunga
Bossaneto
Torrente Merula
Villarelli
San Bartolomeo
Alássio
(6)
Lanfredi
San Pietro
Molino Nuovo
Conna
Laiguéglia
29
(6)
Villa Paraldi
Andora
Via Aurélia
Villa Stampino
San Giovanni
Rinovo
Andora
Castello di Andora
Capo Mele
Chiappa
Rocca
Pairola
Pigna
Marina di Andora
Rollo
Valle Chiappa
Diano San Pietro
Cervo
(66)
Capo Cervo
San Bartolomeo al Mare
La Rovere
San Bartolomeo al Mare (26)
Torre Santa Maria
Diano Marina
(4)
Alpicella
Capo Berta
Riviera dei Fiori
Riviera di Ponente
3km
2
3
4
5
6

A
B
C
1
2
3
4
5
6
Dego
Cáiro
Montenotte
Cárcare
Altare
Quiliano
Vado Ligure
Spotorno
Noli
Finale Ligure
Bórgio
Mállare
Pállare
Plódio
Cosséria
Millesimo
A p p e n n i
Alpi Liguri
A 6
A 10
E 80
E 717
542
490
Capo di Noli
Isola di Bergeggi
Monte Alto
Colle di Cadibona
Finalborgo
Varigotti
Calice Ligure
Orco Feglino
Vezzi Pórtio
Bergeggi
Tovo San Giacomo
Magliolo
109
110

Roccassa
Madonna della Grazie
Pratovallarino
Martina Olba
Acquabianca
Colle Cima di Masca
821
Masone
D
E
F
Sassello
(405)
680
Bric Ciaggiazza
Palo
San Pietro d'Olba
Urbe
Passo del Turchino
Bric Praioli
1079
Bric del Dente
1107
Badani
936
Bric dell'Oca
Piampaludo
Vara Superiore
Vara Inferiore
Passo del Faiallo
1061
Veirera
Monte Avzè
1022
Monte Ermetta
1267
Monte Reisa
1183
FABBRICHE
Parco Regionale
del Beigua
Colle del Giovo
516
Monte Beigua
1287
Santuario delle Rocche
Monte Argentèa
1082
Monte Tardía
878
Rifugio Prà Riondo
1148
Monte Rama
Rio di Lerca
Santa Giustina
CREVARI
527
Terrarossa
Bric Cravieu
499
Madonna del Salto
Monte Priafaia
961
Alpicella
24
A 10
E 80
Stella San Giovanni
Stella San Martino
Stella
680
Convento il Deserto
Sciarborasca
Arma
Lerca
Terralba
Arenzano
Ospedale Psichiatrico
462
542
Pero
149
Capo San Martino
Cogoleto
(4)
334
458
Casanova
Villa Beuca
Brasi
Invrea
Gameragna
Cantalupo
Varazze
Sanda
Castagna-Buona
"Piani d' Invrea"
30
Santuario della Pace
262
Celle Ligure
Varazze
(10)
Luceto
Cassisi
Albisola
Albisola Superiore
Celle Lígure
Albissola
Marina
(8)
Torre del Leon Pancaldo
SAVONA
(4)
ACI
Piamar
Riviera di Ponente
MARE LÍGURE
L'Ile-Rousse 6h
Bastia 3-12h
3km
1
2
3
4
5
6

A
B
C
1
3
4
5
6
Madonna d.Rocchetta
Monte Lanzone
804
Voltággio
Monte Porale
835
Villavecchia
Lago Lavagnina
Monte delle Rocche
690
Castagnola
Vallecalda
Mond Ovile
705
Monte Tobbio
1092
Fraconalto
Monte Colma
856
Molini
Bric Tavolin
972
Castello Spinola
Bric Arpescella
875
Madonna Leco
Parco Regionale
delle Capanne
di
Marcarolo
Casa la Benedetta
Busalla
(360)
Monte delle Figne
1172
Monte Calvo
831
Passo dei Giovi
Valcalda
708
Monte Pracaban
946
Capanne Marcarolo
Lago Badana
Lago Bruno
838
Migliarina
472
Campo Ligure
706
Lago Lungo
916
Cravasco
Passo della Bocchetta
E 25
Pietra Lavezzara
Paveto
Fumeri
Giardino Botanico di Pratorondanino
Monte del Poggio
1081
A p p e n n i n o L i g u r e
Isoverde
Gallaneto
Langasco
871
Mignanego
Monte Tacco
783
Monte Orditano
950
297
Paravanico
Gazzolo
Masone
(403)
760
Campomorone
Bric del Terma
Monte Proratado
928
Torbi
Ceranesi
Passionate
Torrente Stura
Madonna della Guárdia
E 62
Passo del Turchino
Monte Ottine
725
532
804
PONTEDÉCIMO
Prato
San Cipriano
33
35
A 7
Punta Martin
1001
Fado
SAN CARLO
Geo
San Lorenzo di Casanova
FIORINO
456
537
Biscáccia
CARPENARA
Monte Riondo
713
Bric di Teiolo
660
MURTA
BOLZANETO
"Turchino"
Acquasanta
Monte Contessa
550
FABBRICHE
Ferriera
Mele
Madonna del Gazzo
421
Tardía
CANTALUPO
378
Genova-Voltri
Giardino Botanico Clelia Durazzo Grimaldi
BORZOLI
RIVAROLO LIGURE
CRÉVARI
Genova-Pegli
13
Genova Aeroporto
314
PRA
Villa Doria
VOLTRI
PALMARO
Museo Navale
A 10
VESIMA
PEGLI
MULTEDO
Orto Botanico
Scoglio dell' Agúgia
19
SESTRI PONENTE
CORNIGLIANO LIGURE
(13)
Arenzano
Aeroporto Internazionale Cristoforo Colombo
SAMPIERDARENA
Torre della Lanterna
di Carignano
GÉNOVA
ACI
(19)
Barcelona 17h
3 km
Golfo di
Porto Tórres 6-12h

Monte Reale
902
Caprieto
Salata
Cima dell'Erta
1020
Casalbusone
Ligure
Gordena
Dova Superiore
Agneto
Monte Colletto
1259
Vegni
Carrega Ligure
Torrente Vòbbia
"Giovi"
818
Monte Cravi
992
Castello di Pietra
Brìc dell Aiuola
873
Pietrafràccia
Parco
Arezzo
Vigogna
San Fermo
1177
641
Monte Carmetto
1399
Campassi
Ronco Scrivia
Vòbbia
Vallenzona
1278
Berga
Monte Sopra Costa
Regionale
Magioncalda
Ferazza
Semino
Camarza
Vallemara
694
Strasserra
Crocefieschi
Costa Clavarezza
708
Alpe
dell' Antola
Monte delle Tre Croci
1565
Monte Bujo
1400
Monte Antola
1597
Tonno
Sarissola
Busalla
Savignone
(471)
Isorelle
Torrente Scrivia
Sorrivi
Monte Maggio
978
Nenno
Clavarezza
1156
Pareto
Valbrevenna
Molino Vecchio
Chiappa
Bavastrelli
San Bartolomeo
Vittória
Montemaggio
Frassinello
Frassineto
Senárega
Carsi
Bavastri
Besolagno
Casella
Ternano
Monte Liprando
1122
Péntema
Monte Prela
1406
Donetta
Garaventa
Serra Riccò
(350)
Campora
Avosso
928
Crocetta di Orero
Orero
Costa
Montóggio
Brómia
985
Fallarosa
Scabbiabella
Torríglia
(769)
Casalino
Fontanasse
226
Monte Moro di Torriglia
1030
demonte
623
Monte Bonetto
832
Tre Fontane
22
827
Marzano
Sant' Olcese
(327)
Piccarello
526
Acquafredda
Vicomorasso
800
468
Monte Bano
1035
Lago di Val di Noci
540
Noci
Láccio
Tercesi
Cavorsi
Monte Lavagnola
1118
Torrazza
Creto
Moránego
Passo della Scoffera
674
965
Monte Bragaglino
Boasi
PINO SOPRANO
CARTAGÉNOVA
AGGIO
Davagna
Marsíglia
SAN MARTINO
Trensasco
508
235
Vallebuona
MOLASSANA
PRATO
Cálvari
864
605
Neirone
Croce di Bragalla
DÓRIA
17
Rosso
Tasso
Monte Cavello
798
Ògnio
SANT'EUSEBIO
FONTANEGLI
Dercogna
Bargagli
(341)
Ferriere
Campo Santo
Staglieno
BÁVARI
714
Traso
678
Sant' Alberto
225
Maxena
Lumarzo
QUEZZI
MÓGLIE
SAN DESIDÉRIO
Viganego
Monte Bastia
848
Terrusso
Pánnesi
Colle Caprile
470
Calcinara
Madonna del Bosco
Úscio
(361)
Cisiano
Monte Becco
894
Terrile
APPARIZIONE
834
Monte Fasce
Monte Cordona
803
Genova-Nervi "San Ilário"
Leva
Sussisa
Salto
BOCCADASSE
QUARTO DEI MILLE
Sessárego
Teriasca
Cánepa
Testana
Monte Bello
713
STURLA
Monumento ai Mille
412
SANT' ILARIO
Capreno
Avegno
Molino Nuovo
QUINTO AL MARE
NERVI
Bogliasco
518
A 12
Pieve Ligure
333
49
Madonna di Caravaggio
615
26
Sori
Polánesi
Recco
Megli
E 80
SAN MARTINO DI NOCETO
Recco
(9)
Castello Dragone
SAN MASSIMO
Ruta
Camogli
(32)
San Rocco
San Nicolò
Monte di Portofino
610
Punta Chiappa
Parco Regionale di Portofino
Abbazia San Fruttuoso
Cristo degli abissi
Génova
Palau 4½-13h, Ólbia 6-12h, Arbatax 17h, Palermo 20h
Cágliari 21h, Tunis 20-24h
Bastia 6-9h
D
E
F
1
2
3
4
5
6

114

113
Torríglia
Passo della Scoffera
Montebruno
Fontanigorda
Barbagelata
Neirone
Monte Caucaso
Favale di Málvaro
Mocónesi
Lumarzo
Colle Caprile
Úscio
Cicagna
Lórsica
Orero
Avegno
Recco
Camogli
Monte di Portofino
RAPALLO
Santa Margherita Lígure
Portofino
Punta del Capo o di Portofino
Zoagli
CHIÁVARI
Lavagna
San Colombano Certènoli
Carasco
Léivi
Riviera di Le
3km

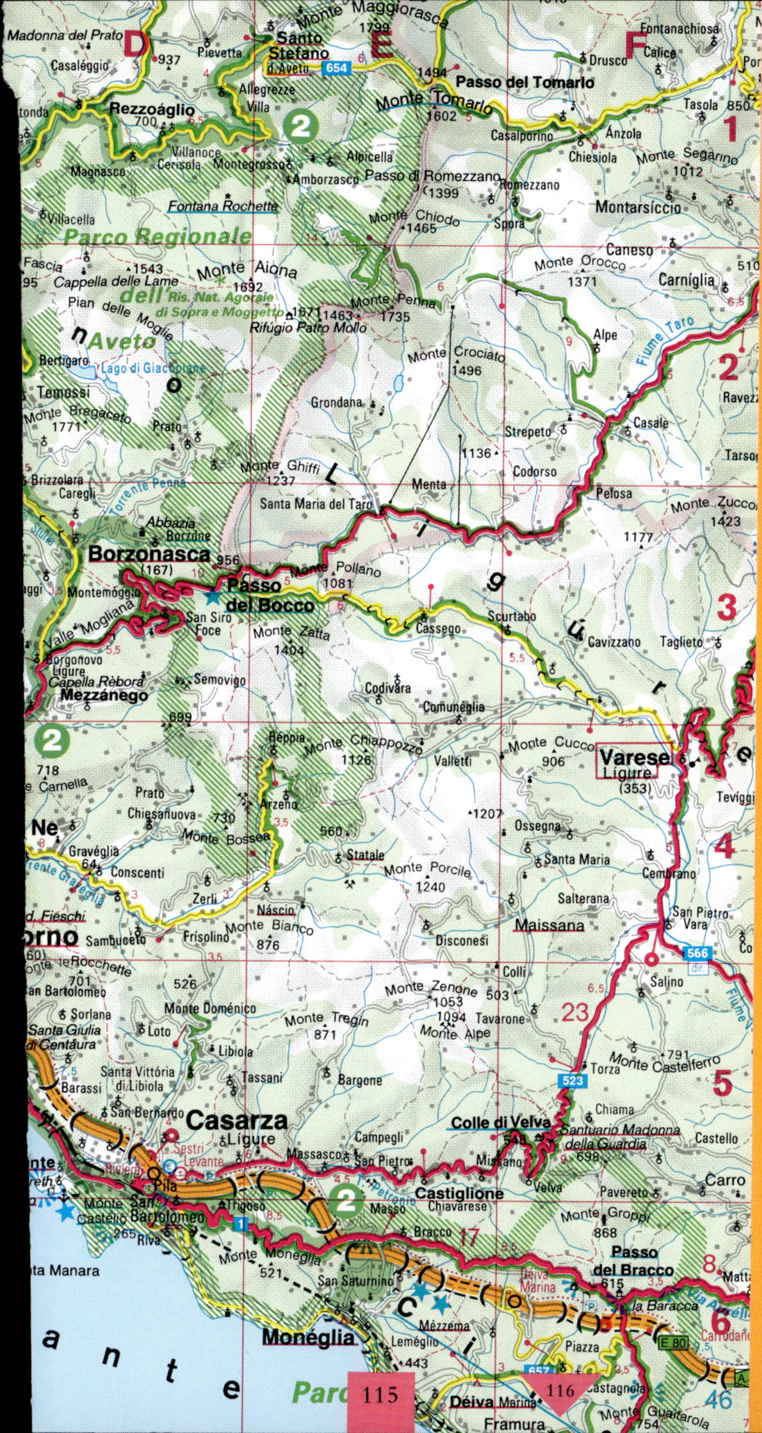
D
E
F
Madonna del Prato
Casaléggio
937
Pievetta
Santo Stefano d'Aveto
654
Monte Maggiorasca
1799
Fontanachiosa
Calice
Drusco
1494
Passo del Tomarlo
Rezzoáglio
700
Allegrezze
Villa
Monte Tomarlo
1602
Casalporino
Ànzola
Tasola
850
1
Villanoce
Cerisola
Montegrosso
Alpicella
Magnasco
Amborzasco
Passo di Romezzano
1399
Romezzano
Chiesiola
Monte Segarino
1012
Fontana Rochette
Monte Chiodo
1465
Spora
Montarsíccio
Villacella
Parco Regionale
dell'Aveto
Fascia
1543
Cappella delle Lame
Monte Aiona
1692
Ris. Nat. Agoraie di Sopra e Moggetto
Monte Penna
1735
1671
1463
Rifúgio Patro Mollo
Caneso
Monte Orocco
1371
Carníglia
Pian delle Moglie
Alpe
Flume Taro
Bertigaro
Lago di Giacopiane
Monte Crociato
1496
2
Ravezza
Temossi
Monte Bregaceto
1771
Prato
Grondana
Strepeto
Casale
Tarsogno
1136
Codorso
Monte Ghiffi
1237
Brizzolara
Caregli
Torrente Penna
Menta
Santa Maria del Taro
Pelosa
Monte Zuccone
1423
Abbazia Borzone
1177
Borzonasca
(167)
956
Monte Pollano
1081
Passo del Bocco
Montemóggio
San Siro Foce
Valle Mogliana
Cassego
Scurtabo
Cavizzano
Taglieto
3
Monte Zatta
1404
Borgonovo Ligure
Capella Rèbora
Semovigo
Mezzánego
Codivara
Comunéglia
699
Réppia
Monte Chiappozzo
1126
Valletti
Monte Cucco
906
Varese Ligure
(353)
Teviggio
718
Carnella
Prato
Chiesanuova
730
Arzeno
Ne
Monte Bossea
560
1207
Ossegna
Gravéglia
Conscenti
Statale
Monte Porcile
1240
Santa Maria
Cembrano
4
Torrente Gravéglia
Zerli
Saltarana
San Pietro Vara
Nàscio
Monte Bianco
876
Maissana
Sambuceto
Frísolino
Disconesi
566
Le Rocchette
701
San Bartolomeo
526
Colli
Salino
Sorlana
Monte Doménico
Monte Zenone
1053
503
Loto
1094
Tavarone
Monte Tregin
871
Monte Alpe
23
Santa Giulia di Centaura
Libiola
791
Monte Castelferro
Torza
Barassi
Santa Vittória di Libiola
Tassani
Bargone
523
5
San Bernardo
Casarza Ligure
Chiama
Colle di Velva
Santuario Madonna della Guardia
698
Castello
Campegli
Massasco
San Pietro
Sestri Levante
Missano
Velva
Pila
Castiglione Chiavarese
Carro
Monte Castello
San Bartolomeo
Trigoso
Masso
Pavereto
Monte Groppi
868
Riva
265
Bracco
17
Passo del Bracco
615
Punta Manara
Monte Moneglia
521
San Saturnino
Deiva Marina
la Baracca
6
Carrodano
Mézzema
E 80
Moneglia
Lemeglio
443
Piazza
657
Castagnola
Deiva Marina
Monte Guaitarola
754
Framura
116
46

A
115
B
Monte Tregin
871
Tavarone
Monte Alpe
Tassani
Bargone
Torza
Monte Castelferro
791
Montale
Groppo
Capella del Casali
Rio
523
Chiama
Sesta Godano
Colle di Velva
Santuario Madonna della Guardia
698
Castello
Campegli
Massasco
San Pietro
Missano
546
Velva
Castiglione Chiavarese
Carro
Pavereto
Scogna
Masso
Monte Groppi
868
Ziona
Bergassana
Moneglia
Bracco
17
Passo del Bracco
615
463
Mattarana
Superiore
San Saturnino
Déiva Marina
la Baracca
Via Aurelia
Carródano Inferiore
Mézzema
Carródano-Lévanto
Monéglia
Leméglio
443
Piazza
E 80
657
A 12
2
Parco
Castagnola
Términe
Déiva Marina
Framura
Monte Gualtarola
754
46
Cappella Tadei
606
la Marina
404
566
722
Monte Pistone
332
Anzo
12
11
Lavaggiorosso
San Giorgio
Montaretto
563
Vignana
675
636
Monte Marveia
Bonassola
Monte Rossola
Montale
Punta della Madonna
Ridarolo
Legnaro
Regionale
Monte Pizzolo
702
3
Lévanto
(3)
Colle di Gritta
Chiesa Nuova
Madonna del Soccorso
Madonna di Soviore
Monterosso al Mare
Madonna di Reggio
Scóglio Gagiato
Sant'Antonio
Punta Mesco
Vernazza
4
delle
5
MARE
LÍGURE
6
Riviera di Lev
Cinque Te

Toscana
Lunigiana
Mulazzo
Villafranca in Lunigiana
Tresana
Podenzana
Bolano
Santo Stéfano di Magra
Calice al Cornovìglio
Brugnato
Borghetto di Vara
Beverino
Follo
Vezzano Lìgure
Arcola
Sarzana
Ricco del Golfo di Spézia
LA SPÉZIA
Lérici
Portovénere
Améglia
Zignago
Rocchetta di Vara
Parco Regionale Montemarcello Magra
Terre
Golfo di La Spézia
Monte Cornovìglio 1162
Monte Coppigliolo 1139
Monte Fiorito
Monte Gruzzo
Monte Croce
Monte Grosso
Monte Alpicella
Monte Ciliegia
Monte Marcello
Castévoli
Pieve di Castévoli
Torpiana
Valgiuncata
Sasseta
Santa Maria
Débbio
Pieve
Vézzola
Serò
Goledo
Súvero
Piazza
Veppo
Villagrossa
Borseda
Garbugliaga
Ferdana
Beverone
Stadomelli
Cavanella Vara
Castiglione Vara
Usurana
Madrignano
Bruscarolo
Pégui
Tranci
Montedivalli
Montebello di Mezzo
Albiano
Novegìgola
Groppo
Giovagallo
Caréggia
Corneda
Barbarasco
Riccò
Lusuolo
Villécchia
Popetto
Villa
Tercerétoli
Rivazzo
Canossa
Gavedo
Gróppoli
Talavorno
Pozzo
Monteréggio
Parana
Monte la Nuda
Ripalta
Stagnedo
Oltrevara
Bracelli
Padivarma
San Cipriano
Piano Battolla
Tivegna
Sórbolo
Piano di Follo
Carnea
San Martino Durasca
Polverara
Bastrémoli
Ceparana
Bottagna
Valeriano
Madonna di Buonviaggio
Casale
San Maurizio
Madonna di Trezzo
Trezzo
Piàn di Barca
Monte Vorrada
Bovécchio
San Cristóforo
Ponzò
Casella
Valdipino
Monte Capri
Quarática
Débbio
San Benedetto
Passo d. Foce
Porcale
Carpena
Volastra
Groppo
Monte Bermego
Monte Parodi
Museo Archeologico
Montenero
Monte Santa Croce
Sant'António
Fossola
Campiglia
Schiara
Fezzano
Le Grázie
Scóglio Ferale
Scóglio Galera
Grotta Azzurra
Ísola Palmária
Terrizzo
Ísola del Tino
San Venerio
Museo Navale
Castello San Giorgio
Santa Maria Assunta
Marinasco
Felettino
Sarbia
Marcantone
Carozzo
San Venerio
Termo
Valdellora
Chiappa
Sant'Anna
Pegazzano
Biassa
Fabiano
Marola
Ruffino
Pitelli
San Terenzo
Punta di Maralunga
Fiaschèrino
Tellaro
le Figarole
Baccano
Trebiano
Cerri
Romito
Pùgliola
San Lorenzo
Monte Branzi
Serra
Montale
Metti
Il Poggio
Capriglióla
Ponzano Superiore
Madonna di Castiglione
Posticciolo
Ponzano
Magra
Santa Caterina
Duomo
Fiume Magra
Fiume Vara
Via Aurelia
Capo Corvo
Lago del Teglia
Bastia 5h
Olbia 6-12h, Tunis 25h,
Golfo Aranci 5½h
3km

In diesem Register sind alle in diesem Führer erwähnten Orte und Ausflugsziele verzeichnet. Halbfette Seitenzahlen verweisen auf den Haupteintrag, kursive auf ein Foto.

Was bekomme ich für mein Geld?

Italien ist kein billiges Reiseland. Aber wer außerhalb der Hochsaison im Juli und August kommt, zahlt 30 bis 40 Prozent weniger für Campingplatz, Ferienwohnung oder Hotel.

Ein paar Preisbeispiele: Der Espresso kostet 80 Cent, der Cappuccino 1,20 Euro, das Glas Wein ab 1,30 Euro. Aber denken Sie daran, dass sich diese Preise verdoppeln oder verdreifachen können, sobald man das Getränk nicht an der Theke im Stehen, sondern am Tischchen mit Bedienung einnimmt. Das *coperto,* also das Gedeck mit Brot, kostet je nach Restaurantniveau von 1,30 bis 5 Euro. Die Rechnung fällt in den Restaurants oft höher aus, als man an Hand der Speisekarte über den Daumen gepeilt denkt. Denn es kommen der Gedeckpreis dazu, manchmal noch zehn bis 15 Prozent Service, und auch Beilagen werden extra berechnet. Ein ordentliches Stück Käse-*focaccia* bekommt man aber schon für 1,20 bis 1,50 Euro auf die Hand.

Ins Kino kommt man für 6,50 Euro, ins Museum für 1 bis 11 Euro (Aquarium in Genua), ins Theater für 8 bis 40 Euro. Im Taxi liegt der Grundpreis bei 3 bis 4 Euro.

Strandausrüstung (Liegestuhl, Sonnenschirm, eventuell Umkleidekabine) kostet zwischen 4 Euro (Gemeindestrände) und 40 Euro (exklusive Strandbäder) Miete pro Tag.

Was kostet wie viel?

Imbiss	**1,50 Euro** für ein Stück *focaccia*
Kaffee	**1,20 Euro** für eine Tasse Cappuccino
Wasser	**80 Cent** für ein Glas Mineralwasser
Wein	**1,30 Euro** für ein Glas Wein
Benzin	**1,10 Euro** für einen Liter Super bleifrei
Briefmarke	**41 bzw. 62 Cent** für eine Postkarte ins Ausland